U0886959

本研究获得陕西理工大学人才启动项目资助

社会福利思想与英国工党社会福利政策变迁

庞　渤◎著

中国社会科学出版社

图书在版编目（CIP）数据

社会福利思想与英国工党社会福利政策变迁 / 庞渤著. -- 北京 : 中国社会科学出版社, 2024. 12. -- ISBN 978-7-5227-4267-0

Ⅰ. D756. 164

中国国家版本馆 CIP 数据核字第 20246SK051 号

出 版 人　赵剑英
责任编辑　郭　鹏
特约编辑　苏　莹
责任校对　刘　俊
责任印制　李寡寡

出　　版　中国社会科学出版社
社　　址　北京鼓楼西大街甲 158 号
邮　　编　100720
网　　址　http://www.csspw.cn
发 行 部　010-84083685
门 市 部　010-84029450
经　　销　新华书店及其他书店

印　　刷　北京明恒达印务有限公司
装　　订　廊坊市广阳区广增装订厂
版　　次　2024 年 12 月第 1 版
印　　次　2024 年 12 月第 1 次印刷

开　　本　710×1000　1/16
印　　张　13
字　　数　201 千字
定　　价　78.00 元

凡购买中国社会科学出版社图书，如有质量问题请与本社营销中心联系调换
电话：010-84083683
版权所有　侵权必究

摘　　要

社会福利思想对社会福利政策有重大影响，这种影响究竟如何发生、如何体现在政策上，以及为何不同思想影响政策的成败、范围和程度迥异，是需要研究的重大课题。论文以英国工党自成立起一百多年的政治史为背景，以重要社会福利思想和工党典型的福利政策变迁为主轴，探讨社会福利思想对社会福利政策的影响。

研究假设社会福利思想通过一个复杂而能动的场域对社会福利政策发挥作用，反之，社会福利政策“选择”何种思想，也为该场域所决定。社会福利思想影响社会福利政策的场域包含经济基础、社会状况、政党斗争和国际因素等复杂的主客观因素及其互动关系。论文按照英国福利国家和工党社会福利政策主导思想变迁的历史阶段划分章节，每部分首先梳理对工党影响较大的社会福利思想的变迁脉络，考察其对社会福利政策的影响方式和特点，然后梳理在前者影响下工党典型社会福利政策的变迁历程，发现其中呈现出的自由主义和社会主义各流派不同的社会福利思想的影响痕迹，再在前两者基础上分析思想影响政策的场域。

工党社会福利政策的思想特点，经历了一个曲折复杂的过程。福利国家萌芽时期，其社会福利政策诉求主要体现出劳工社会主义的特点，也受到费边主义的重要影响；福利国家建立时期，以费边主义为内核的“英式”社会民主主义成为工党社会福利政策的指导思想。同时，伦理社会主义和新自由主义（以凯恩斯主义和《贝弗里奇报告》为代表）也对工党此阶段的社会福利政策产生重大影响；福利国家在工党与保守党的“福利共识”下徘徊发展时期，社会民主主义仍然是工党社会福利政策的主导思想，凯恩斯主义和《贝弗里奇报告》仍然是政策层面的主要参考，但均开始受到挑战和质疑；福利国家变革时期，传统的伦理社会主义思想、新自由主义思想和新古典自由主义思想都成为“新工党”“第三条道路”社会福利政策的思想来源，工党事实上放弃了以平等化取向和国家一元主导为主要特征的社会民主主义政策。

社会福利思想对政策的影响特点多样化，以间接和曲折为主；社会福利政策的执行效果对社会福利思想的发展、新福利思想的产生和政党的社会福利思想选择具有反向影响；社会福利思想的党内“共识”是政党社会福利政策成功的前提。在不同历史阶段，由于场域不同，工党的社会福利政策所“选择”的社会福利思想的倾向与结构也有显著差异。在每一阶段，政党社会福利政策的思想倾向都是多种因素共同作用的结果。在不同阶段，不同因素发挥作用的方式和程度既有差异，又有共性。经济发展阶段和经济发展水平是某种福利思想是否能够产生、是否能够发生重大影响的基本条件。经济发展状况是某种社会福利思想能否成功影响社会福利政策的基本条件。既有社会福利政策的实践效果会显著影响未来政党所选择的思想和实施的政策。代议制民主政体下，选举权的范围和社会阶级结构是场域中的基础内容。政党内部的组织和权力分配结构对政党的社会福利思想选择具有显著影响；同对手竞争的斗争结构也极大影响着政党的社会福利思想选择。重大或微妙的国际事件，国家的国际角色及国际思潮等都是场域中的重要内容。总体而言，一个政治体采取的社会福利政策会受到各种主张迥异的社会福利思想的影响。但归根结底，只有适应该政治体所处的政治社会经济场域的社会福利理念，才可能成功转化为其社会福利政策内在而持续的特征。

关键词：社会福利思想；社会福利政策；英国工党；变迁；场域

目 录
contents

第一章　导论

第一节　选题缘起、研究问题和核心概念

一　选题缘起与意义

（一）需要增进关于社会保障思想对社会保障政策具有重要影响的认识

在社会保障专业的教材和课程中，社会福利思想都有一席之地，毋庸置疑，社会保障思想对社会保障政策有着重要的影响和指导意义。但当前关于社会保障思想的研究整体而言较少。涉及社会保障思想的研究，有些仅将思想作为可有可无的背景随意加以叙述，看不出思想背景与其文章主体内容的联系；有些虽然也涉及思想与政策的关系，但重在论证思想与政策的割裂，认为思想不过是书斋学者的一种自娱自乐，或者只是被政治力量用来装点门面，政策的提出和执行基本上完全是在另一套客观条件制约下的产物。根据马克思主义基本原理，思想从根源上讲确实产生于物质基础和社会实践，但同时，思想意识形态对社会实践也有巨大的反作用。而且，物质基础和社会实践对思想的基础决定作用也并非线性、即时和整齐划一的。反过来，行为主体的思想也并不总是能即时准确地反映不断变化的社会实践，不同行为主体对同一客观事实的认知也往往存在差异甚至大相径庭。这种认知的滞后性和差异性放在社会政治领域，导致的政策差异和政策

影响都特别巨大，社会保障思想和社会保障政策领域也不例外。因此，不能忽视不同的社会保障思想的来龙去脉、内涵及其对社会保障政策的巨大影响。

社会保障政策的制定和执行者必然是在一定的社会保障思想指导下进行思考和活动，不过很多时候这种影响不那么直接或系统，而是隐性或零碎的，行为主体主观意识到的程度有所差别。比如：为什么养老问题要通过强制建立社会保险而非通过社会救助或提升在岗人员工资或减少在岗人员的税收来解决？某笔资金为什么用来救助甲群体而不是乙群体？某项政策为什么向丙地区而不是向丁地区倾斜？决策者可能并没有觉得其决策时受某种思想的指导，认为很多决策都是天经地义、自然而然的，或者仅仅受经济水平影响。然而，如果我们从更长的历史时间线和更广的国际视野来看，就会发现事情远远没有那么简单。一百多年前，世界上还不存在退休制度，能劳动的人就干到干不动为止，然后能够得到何种养老就主要是他自己家庭的事，政府如果强制征收养老税并且统筹分担则会遭到猛烈抨击。如果看经济水平，美国政府财力雄厚，但很难建立国家医疗保险制度；古巴政府常年遭受经济制裁，却长期实施公费医疗。所以说，社会保障制度背后的价值判断有极大的独立性且十分重要，而不同流派的福利思想的核心差别就在于价值判断。

社会保障思想并不是书斋学者的自说自话，也不是对政策的事后解释，更不是政策制定者和执行者用来装点门面的“花瓶”。它既有独立的产生和发展脉络，又和社会保障政策紧密联系并对后者具有重要影响。以西方国家的社会福利思想和社会福利政策①领域为例，不

① 在西方国家，特别是本书的研究案例英国，“社会福利（Social Welfare）”是比“社会保障（Social Security）”更加接近我们话语体系中“社会保障”的概念。由于本书讨论基本局限于该语境中的问题，所以为避免混淆，行文权且采用“社会福利”的概念，这里的“社会福利”包括我们一般所说的社会保险、社会救助和狭义的社会福利。

同的政治行为主体（如政党、政治领袖、工会或其他利益集团）由于所信奉的社会福利思想不同，对同一客观经济社会状况的认知和评价很可能大相径庭，对于采用何种社会福利政策的设想也往往不同。20世纪50年代到70年代初期英国保守党和工党的“福利共识”到20世纪70年代中期之后“福利共识”的破裂就是典型案例。

（二）政党社会保障政策的“思想选择”是重要的研究问题

社会保障思想对社会保障政策具有重要影响。但社会保障思想流派众多，主张千差万别，并不是所有思想在所有时间、所有地点都对社会保障政策产生重要影响。首先，在不同国家和地区，即使在同一时期，成功影响政策的社会保障思想组合也千差万别。比如二战后，社会民主主义的社会福利思潮席卷欧洲，但并不是所有欧洲国家都实施了具有社会民主主义色彩的社会福利政策。而20世纪70年代之后自由主义思潮卷土重来，也只有部分国家在其指导下对福利国家进行了系统性的改革，其他一些国家坚持了福利国家的社会民主主义色彩。

其次，在同一个国家或地区的同一时期，只有某一种或几种社会保障思想对政策影响较大。同时，它们可能共同影响所有政策，也可能分别影响不同的具体政策，或者某种思想对所有政策都有不同程度的影响，而其他思想只影响某种政策。在同一个国家或地区的不同时期，影响社会保障政策的思想组合也会发生或平稳或剧烈的变化。比如20世纪初英国工党成立伊始，劳工主义、费边社会主义、伦理社会主义、自由主义、新自由主义的社会福利思想都是“显学”，但工党的社会福利政策却更多受到劳工主义的影响；而到了20世纪20年代，费边社会主义和新自由主义却主导了工党的社会福利政策，劳工主义的影响开始减退；第二次世界大战后，英国工党的社会福利政策体现出浓厚的社会民主主义和激进自由主义的色彩；到了20世纪90

年代，上述思潮都仍然存在，但工党的社会福利政策则更多地受到新古典自由主义的影响，在工党成立之初占主导的劳工主义思想的影响消失殆尽。因此，什么在决定或影响着哪些社会保障思想会成功影响政策，抑或哪些因素决定着西方议会制政党社会保障政策的“思想选择”①，是十分值得研究的问题。

二　研究问题和研究对象选取

社会思潮和社会福利思想纷繁多样，主张也千差万别，为什么有的能够产生重大影响，有的影响微乎其微？同时，这种影响力的差别也随着时代的变化而变化。因此，考察社会福利思想和社会福利政策之间的有机联系及其影响因素是很有意义的课题。本研究拟在英国工党百年政治史的背景下，梳理英国工党自成立以来对其影响较大的社会福利思想的变化脉络，以及在其影响下工党社会福利政策的思想倾向的变迁历程，考察自由主义和社会民主主义各流派不同的社会福利思想主张对工党社会福利政策的影响。具体而言，分如下三个层次。

第一，每一个社会福利发展阶段，到底有哪些重要的社会福利思想？“重要”是指确实对工党的社会福利政策产生了重要影响的思想。这里涉及对重要思想的介绍和评述，但不是泛泛的社会思潮介绍或全面的思想史梳理，而是注重其与工党社会福利政策的关联，那些没有产生重要的影响的思想不属于本研究考察的范围。

第二，每一个社会福利发展阶段，工党的社会福利政策如何体现出思想影响的痕迹？这里涉及对工党具体的社会福利政策的考察，但并不是对所有社会福利政策的全面整理，而是对体现出思想影响特点的典型政策的集中分析。

---

①　之所以加上引号，是因为这种“选择”不一定是自觉主动的，也可能是消极无意识的。

第三，每一个社会福利发展阶段，工党的社会福利政策为什么呈现出如上的思想倾向？或者说，工党为何会“选择”（不论是自觉的还是无意的）如上的思想主张或思想主张的组合来“指导”其社会福利政策？这背后的经济、社会和政治动因是什么？

选择英国社会福利思想和英国工党的社会福利政策及变迁作为本研究的案例，是因为其思想流派丰富且大多具有原创性和典型性，政策变迁历程曲折较大、脉络清晰，本土社会福利制度历史积淀深厚而又与国际趋势始终紧密联系，归纳总结和反思参考的意义较大，主要有如下三方面。

第一，英国的社会福利思想流派众多、渊源深厚，社会福利制度历史悠久发展充分，其政治制度使政党有较大能力贯彻其政策意图，即思想、政策文本和政策执行之间关联度较高。

英国的社会福利制度历史悠久、发展过程曲折、结构复杂且特色鲜明。英国的现代社会福利制度不论是从 17 世纪的“旧济贫法”还是从 19 世纪末 20 世纪初的社会保险立法算起，与世界大多数国家相比都有着较为悠久的发展历程，且内容丰富、体系完善。英国的社会福利制度从产生到现在既不断经历重大的变革，又保持着显著的传统痕迹；既经常作为其他国家的样板或者作为某类社会福利体制的典型，又始终保有难以被简单归类的浓郁的“英国特色”；既受制于国内复杂的政治、经济和社会矛盾，又受其在国际上始终保持广泛而深刻的影响力的国家外交环境和地位的影响。因此，英国是一个研究社会福利制度如何受制于并应对历史遗产与现实情势之间的张力、如何处理社会福利制度的普适性与特殊性之间的矛盾、如何认识福利制度与一国的内政外交各方面要素的互相影响和嵌入的绝佳对象。

很多社会福利思想流派本身发源于英国，由于英国社会的相对稳定和政治思想领域一直相对多元和保守，各种社会福利思想流派大多存续了相当长的历史时期且都保留着核心要义。因此，以英国社会福利思想为案例，既能够更好地追本溯源，了解各个社会福利思想流派的原初主张，也能够追踪探讨各个思想流派在不同历史时期呈现的新特点。

英国的议会选举采用单选区简单多数制，即全国划分为若干选区，每个选区获得简单多数票的一位候选人成为下院议员，这形成了事实上的两大党轮流执政局面；英国立法权与行政权的关系结构为责任内阁制，获得议会多数席位的政党组阁，其党魁成为首相。上述两点综合导致英国的执政党相较其他欧美代议制国家的执政党，对于其政策意图具有较强的控制执行能力，政党的思想意识形态与政策之间的关联较为明显。

第二，英国工党的政党性质导致其理论与政策选择之间持续存在的张力使其成为良好的研究样本。

英国工党起初主要是社会主义意识形态作用于英国工人运动的产物，而英国是一个保守主义和自由主义传统和势力都十分强大的老牌资本主义国家。工党一方面要维持自身特色，另一方面又要尽可能争取更广泛的选民，其理论和政策选择必然受制于复杂的主客观因素。英国工党的诞生是英国社会福利史上的显著事件，不只在于工党本身性质决定的其对社会福利的推动，也在于工党对于其他政党社会福利理念及政策的影响。

英国工党自身性质决定了其在英国社会福利发展史上的重要地位，而它不只面临外部复杂的政治传统和思想环境，其内部的思想意识形态争论也始终十分激烈，这一点在社会福利政策领域也明显体现。因而研究各种福利思想理念如何影响社会福利政策，英国工党是一个很好的样本，可以起到以点带面的效果。工党自身的结构和内部的思想意识形态也具有多源流和复杂的特点。其由原本独立的各类工会、独立工党、“费边社”等组织联合组成；而各类团体的主导思想也大相径庭，有民主社会主义、费边社会主义、伦理社会主义、劳工社会主义等多种流派。其权力结构也较为分散，工党领袖和议会党团控制能力有限，工党全国委员会和该委员会产生的全国执行委员会对前者有很大的制约。工会的集体投票制度使很多工会的独立性很高。相较于保守党，工党历史上的党内分歧和争论现象极其严重，不仅涉及具体的问题和政策，还经常关系到该党的政治意识形态。虽然在20世纪的英国政坛，长期和工党分庭抗礼的保守党内部分歧也并非不严重，但由于其在17世纪末诞生之初直到20世纪都是倾向于守成的政党，因此相对于工党，保守党的分歧较少涉及意识形态，指导思想层面的斗争和变化也相对缓慢和温和。而且保守党的组织方式带有浓重的传统家长制作风，领袖的意见十分重要，从知名的保守党领袖比工党领袖多且人们常常把某届保守党政府用领袖名称代替（如“张伯伦的绥靖政策”“丘吉尔执政时期”“撒切尔夫人的XX改革”）就可见一斑，这也在一定程度上减轻或避免了内部的意识形态分歧和斗争。工党社会福利政策的整体方向经历过数次大的变动，且变动既受党内外乃至国内外客观条件和环境的影响，又与党内的思想意识形态冲突息息相关，形成了一个远比大多数福利体制更为复杂和各种矛盾冲突相对更为典型的研究对象。综上所述，英国工党是研究社会福利思想和政党福利政策之互动关系的绝佳样本。

第三，以英国工党为案例，有助于增进对西方国家的社会民主主义社会福利思想和社会民主主义政党的福利政策及其相互关系的认识和理解，认识社会福利思想和社会福利政策的多样性。

英国的社会福利思想多样、政治文化传统深厚且复杂，不但自由主义和社会主义两大社会福利思想流派都在英国有着或多或少的发展，有着代表性思想家和信奉该思想的民众和政治力量，而且自由主义产生于英国且长期以之为主要基地，社会主义的部分流派很大程度上也发源于英国。英国是各种“空想社会主义”“基督教社会主义”思想的最早诞生地，科学社会主义的创立在很大程度上来自于英国的社会实践，广义社会主义流派中影响较大的伦理社会主义和费边社会主义在很大程度上也全部或部分属于“英国制造”，费边社会主义还对伯恩斯坦创立修正主义产生重大影响，而从后者又发展出形形色色的社会民主主义流派。

时下，英国往往被视作美国最“亲密”的盟友，然而就是这个最亲密的，而且在政治传统、文化习俗等各方面都最为接近的盟友，也并非美国模式的完全追随者。还应该看到，即使在美国内部，也并非自由主义一统天下，不存在思想流派的冲突。近些年美国民主党左翼桑德斯的“社会民主主义”得到广泛支持就是明证。反之，很多同英、美国情迥异的亚非拉国家或地区盲目学习所谓美国模式，推行纯市场化和私有化的社会保障改革，其水土不服的恶性后果已经逐渐显现。以英国工党为案例，一方面有助于我们认清西方社会福利思想和政策理念的多样性，另一方面本研究将会着重分析不同历史阶段下思想对政策的作用方式所处的场域，即各种促进或制约性的背景、因素和条件，以期增进在社会保障政策学习和借鉴问题上对“水土问题”的敏感性和认识程度。

三　核心概念

（一）社会福利政策

政策广义上讲是为实现某种特定目标而制定并实施的一套行动原则。社会福利政策可以被视作社会政策的一部分，也与经济政策密切相关。但社会政策本身也与经济政策密不可分，可以认为两者的区别主要在于政策的目的而非内容，内容上两者存在大量交叉。如果按照目的来说，那么社会福利政策主要是一种社会政策。当然，不排除它经常也带有着经济方面的目的，但这不能作为其本质属性。否则，社会福利政策几乎可以整体划归为以凯恩斯主义和各种准凯恩斯主义为代表的创造有效需求的经济政策的一部分，丧失其独立存在的价值。

在英国，“社会福利”有着悠久而深刻的自助互助传统，其“社会”二字的涵义包括政府而远远不限于政府。讨论一项社会福利内容是否应该让国家参与甚至举办，往往是不同福利思想和政策主张争论的核心。因此本研究的“社会福利政策”既包括政党或政府直接推行或主办的社会福利，也包括政府或政党对其他主体主办、参与或享有社会福利的相关行为的政策。因此，本研究超越社会政策领域并涉及政治领域。因为政党必然不会孤立地看待和处理福利政策，福利政策必然嵌入政党的整体政治经济社会政策之中。而不同时期、不同地区的福利政策所处的政策环境不同，政党对福利政策的内涵与外延的认识亦不同。本书为跨越历史阶段和经常运用比较方法的研究，对核心概念采用较为宽泛的定义。

（二）自由主义社会福利思想[①]

（1）古典自由主义/新古典自由主义社会福利思想

自由主义社会福利思想起源于工业化和资本主义发展早期的英国，直到今天仍然广泛产生影响。一般认为约翰·洛克是英国自由主义思想起源的代表人物。英国政治哲学有着强烈的经验主义传统，因而洛克虽然信奉生命、自由和财产等基本人权，与欧洲大陆传统不同，他并不着重从哲学上论述这些权利的天赋性、绝对性等问题，而是强调现实中的权利是在法律的不断完善和代议制政府的建立和完善中逐渐增加实现度的。同时，权利不是无条件的、绝对的，而是与义务对等的。而且在自由社会中，由于人们的愿望千差万别，所以不可能存在一种先赋的、单一的政治价值尺度来衡量人们的权利实现，现

① 此处及下文的各种“主义”，均是广泛运用于政治哲学、法学、经济学和社会学等人文社科领域的概念，其含义在不同的学科领域也各有侧重，本书重点讨论其在社会福利哲学和社会福利政策领域的内涵。

实中的权利总是存在于多元价值尺度的相互斗争和妥协中。可以看出，洛克的思想也是“多元主义”的起源。纵观西方近现代政治思想发展史，自由主义和多元主义往往互相亲和。

自由主义流派的一个重要来源是以亚当·斯密、大卫·李嘉图和马萨尔斯等人为代表的古典政治经济学。近代早期，英国工业和资本主义经济借助天时地利人和取得了举世瞩目的发展，相应地，英国也较早确立了在当时领先世界的代议制民主制度，并获得了广阔的海外殖民地。在这种历史形势下，上述经济学家摒弃当时流行的零和博弈的重商主义经济思想，创造了一个竞争性和增长性的自立市场的概念。认为在人的自利动机和市场自有规律的作用下，经济会自动实现动态均衡及增长，主张政府尽可能少地干预经济，保障自由竞争和自由贸易。早期自由主义者认为贫困是社会不可避免的一种现象，适当规模的贫困存在反而有助于人们获得良好品性及保证市场的自由竞争和劳动力的自由流动，不应该过多帮助贫困者，那样会破坏市场规律发挥作用，也会引发人们道德品质的堕落。

由边沁开创的“功利主义”流派实际上是自由主义的一个重要分支。他为政治经济学家抽象的经济理论提供了哲学和人性基础，并更多地探讨了政府若遵循该类理论应如何作为。他认为人们行为的根本动机就是最大限度地趋乐和避苦。然而，不同人的偏好是不同的，个人应该不受干扰地追求自身的幸福，各种强制和专横都是不应该的。政府也不应无所作为，它应该尽其所能创造支持个人追求自己幸福的条件和环境。当然，也正由于人们的偏好不同甚至冲突，加之社会的资源有限，政府也只能以保证和促进最大多数人的最大幸福为目标，对于少数贫困者和罪犯可以提供帮助，但必须注意控制限度。

上述自由主义思想统称为“旧自由主义”或“古典自由主义”，其核心在于强调“消极自由”和“个人主义”，即个人为自己负责，个人的思想和行为尽可能地不受干扰，由此衍生出强调政府越“小”

越好及国内国际的自由竞争和自由贸易。在社会福利领域，则鼓励贫困者为自己负责，参与自由竞争——如果不参与或者失败了则是自己的品性或能力有问题，并不需要过多帮助。

新古典自由主义（Neo-classical Liberalism）[①] 社会福利思想产生于20世纪之后，以哈耶克、弗里德曼等人为代表，追求对古典自由主义的“复兴”。里根和撒切尔夫人的改革为代表性实践。古典自由主义的原初对立面是政治上的君主专制和经济上的重商主义，而新古典自由主义的对立面则是政治上的社会主义和经济上的凯恩斯主义。两者在社会福利领域的基本态度大同小异，由于坚持自由竞争的私人市场本位的价值观，所以既反对再分配，也反对非商品化，还反对国家主办的社会福利。古典自由主义诞生于资本主义原始积累时期，上述反对立场更彻底。理想化的古典自由主义认为贫困和各种社会丑恶完全是贫困者自身及其家庭道德沦丧的结果，不应给予任何帮助，如果施加帮助只会损害自由市场自发的最优均衡状态、损害社会道德、妨碍人类社会进化。而新古典自由主义则稍微柔和和现实一些，认可维持社会稳定和体面的最低限度的社会保障。德国早在19世纪80年代就开始建立国家社会保险，而英国直到20世纪初还在对是否改革济贫法进行争论，古典自由主义的强大影响是重要原因之一。20世纪70年代末，同样面临经济滞胀和福利病的问题，其他欧洲国家都只能对福利制度小修小补，而本来同瑞典等国一样作为福利国家代表的英国，却能在撒切尔夫人保守党政府领导下进行大刀阔斧的私有化和市场化改革，将福利体制剧变为同典型的自由主义国家美国类似，这显示出新古典自由主义在英国的强大影响力。

---

① 与下文所述新自由主义（New—Liberalism）迥异，后者又被称为“激进自由主义”或“社会自由主义”，是对古典自由主义的“向左”修正。因为“Neo-classical Liberalism”也常常被写为“Neo—Liberalism”，因此也常被翻译为“新自由主义”，作者认为容易造成混乱，故本书通篇采用“新古典自由主义”的译法。

（2）新自由主义（激进自由主义）社会福利思想

新自由主义产生于18世纪末19世纪初，其先驱为密尔和格林。密尔是古典自由主义的集大成者，但他所处的时期，英国资本主义发展所产生的各种社会弊病愈发明显地暴露出来，于是他对古典自由主义和功利主义的批判也开始将之导向朝着新自由主义发展的道路。格林的唯心主义哲学是英国新自由主义的重要理论来源。格林及其后继者的唯心主义哲学[①]由于不符合英国盛行的经验主义传统，带有浓重的德意志黑格尔哲学色彩而独树一帜，同时还包含有明显的基督教道德哲学的因素。[②] 格林认为判断一个社会发展程度的最终指标是公民的道德水平。于是，每个个体则需要通过在承担公共责任过程中获得自由和自我实现，这就构成了一个社会的政治契约和“共同的善”的基础。一个好的国家能够通过“共同意志”[③] 把个体增进道德的努力汇聚成共同的善的增进。判断国家角色定位和干预行为是否得当的最终标准，就是看其是否有助于清除道德进步和个体自立的障碍。

格林认为个体天然具有不断追求其所认为的善的天性和能力，这才是自由增加和社会发展的原动力，而非功利主义者所言的庸俗的缺乏道德意义的享乐主义的趋乐避苦。不过他也认为道德的促进和物质条件并非毫不相关，因此国家应该保证每个公民的基本生活，这一认识和密尔类似。格林的重要性还在于，他培养了很多著名的学生，并且广布于英国思想界、政治界及社会活动界。历史学家阿诺德·汤因比（Arnold Toynbee）、思想家塞缪尔·斯迈尔斯（Samuel Smiles）和

---

① 当时的唯心主义哲学一般在认识论上反对经验主义和实证主义，强调对个体理性的运用，认知对象的重点在于个体与集体、主体与客体、常识与理性、普遍性与特殊性以及善恶等抽象概念及其关系。

② 后来工党所宣扬的“社会主义”与我们所用“科学社会主义”有着本质不同、特别是“伦理社会主义”派别，也被声称起源于基督教道德哲学。

③ 此概念最早由法国思想家卢梭提出并系统阐述，后来又作为黑格尔哲学体系的重要概念，格林继承了他们对此概念的定义和讨论。

曾担任过英国首相的自由党领导人阿斯奎斯（Asquith）都曾师从格林并是新自由主义的代表人物，甚至后来的伦理社会主义者 R. H. 托尼和福利国家理念的创始人之一贝弗里奇的政治哲学逻辑体系都明确受到了格林思想的影响。

虽然格林本人的思想仍然可以划归为古典自由主义的范畴，但其中积极的道德观（集体主义和共同的善）和对国家角色的实用主义考察，已经开始偏离古典政治经济学和功利主义的价值观。19 世纪中期以后，他的学生们和许多受他思想影响的人士继续为自由主义增添新的内涵，于是产生了统称为“新自由主义”的思想流派及实践，代表人物有霍布豪斯和霍布森等。与古典自由主义相比，新自由主义总体而言开始强调集体主义因素和积极自由，对国家在市场和福利领域的干预持相对积极的态度。

新自由主义者强调“积极自由”，是因为他们认为很多人生来就没有获取体面的生活条件和获取成功的机会，这些人是根本谈不上自由的。他们在自由主义的框架下重新思考公民、公民社会与国家之间的关系，更加注意到三者之间的有机联系，更加支持国家干预和社会行动，认为提供更加平等的福利是使更多的人享受个人自由的前提条件。他们中的很多人是自由党党员或对自由党有重大影响力。

新自由主义和古典自由主义一样，一直有其后继者。现有研究往往忽视的是，20 世纪之后在社会福利领域影响巨大的凯恩斯主义和《贝弗里奇报告》其实都属于新自由主义的范畴，因为它们都是在资本主义市场经济本位的基础上谈论国家干预和平等问题，这始终是新自由主义区别于下文将要讨论的社会主义各流派的核心特点。

新自由主义或曰激进自由主义虽然其理论起点仍然是自由竞争的私人市场本位，但却认为，首先，很多贫困者连进入自由竞争市场的机会都没有，社会应该通过最低生活保障和教育医疗等福利制度给予他们或他们的下一代进入市场竞争的机会，即所谓促进机会平等；其次，很多贫困和社会丑恶并不主要是当事人自身的问题，而是其所在社区乃至整个社会的问题，所以更意味着社会和国家应该承担起改善其境况的责任来。因此，新自由主义支持以促进机会平等为限度的再分配，但基本反对非商品化，因为追求机会平等的根本目的还是提高贫困者的竞争能力并最终提升其自立品格，消除不劳而获的道德沦丧现象。其支持一定限度的国家福利，因为他们认为市场有其固有缺陷，需要国家进行以权衡促进就业和稳定物价为目标的干预，而社会福利制度就是其重要手段。

英国自由党在20世纪初进行的社会保险制度立法就受到了新自由主义的重要影响，而工党政府在第二次世界大战后的福利国家建设及其与保守党长达二十年的福利国家发展共识，也在很大程度上运用了以凯恩斯和贝弗里奇为代表的新自由主义的经济、社会福利理论与政策倡议。虽然新自由主义支持一定程度的国家干预下的混合经济和再分配，但仍然是以更好地发展市场经济为本位，20世纪50年代之后持续几十年的养老金改革就是典型的例子。虽然明知当时的国家主办的等额缴费的现收现付的国民养老金基数太小，难以实现财政可持续，但不论是保守党政府还是工党政府都不愿或无法真正建立一个统一的收入关联的累进缴费的积累型养老金制度作为第二支柱。无法建立的原因之一，就是中高收入群体和其所在企业已经建立了形形色色的企业年金计划，要建立统一的制度，就需要将这些“客户”拉入国家计划，进行并轨，这就意味着对市场的“侵犯”，是自由主义所反对的。根据文本和执行情况，保守党政府首先是“不愿”，而工党政府更多是“无法”，这体现出两党虽然都受新自由主义影响，但受影响的程度和维护新自由主义理念的动力和能力还是存在差异。

（三）保守主义社会福利思想

英国的保守主义（Conservatism）植根于英国历史传统之中。在英国早期的历史上，其部分或大部分领土曾数度被外族征服和统治，如撒克逊人、罗马人、维京人和勃艮第人等。然而，由于其多山和与欧洲大陆有海峡阻隔的地理条件，以及其他一些偶然因素，外族或外来政权的统治程度往往较弱，难以带来翻天覆地的彻底变革，需要不同程度倚靠当地势力和传统习俗维持统治和进行治理。而这种依赖传统和本土资源及由前者必然导致的充满多方权力制衡和难以发生激烈变革的政治风格，则一直伴随着英国历史，这种风格就是保守主义的重要来源。

英国保守主义成为政治思想体系，则发生在法国大革命时期。英国的工业化和资本主义比法国发展更早且更充分。然而，英国的资产阶级革命充满了种种制衡和妥协，进行得相当不“彻底”。当法国轰轰烈烈的大革命爆发时，英国的很多新贵族和资产阶级人士本来是对之抱着极大的热忱的，很多激进人士甚至来到法国和革命者并肩作战，或者积极在英国策动类似法国大革命那样彻底推翻封建主义的革命。然而，法国大革命的继续进行使那些本来满怀期待的英国人逐渐对革命产生了恐惧的心理。雅各宾派专政的模式使很多英国政治家和思想家们深恶痛绝，以柏克为代表的一批思想家深刻反思了激进主义的法国大革命的教训，旗帜鲜明地亮出了“保守主义”的政治主张。其核心要义就是批判启蒙运动所高扬的人对自身的理性的过度自信，他们认为人的理性不可能方便快捷全面地认识社会发展的规律，而现有的各种看似不合理的传统制度可能反而是当前社会稳定运转所必需的，过于自信地利用理性试图对社会进行激进的根本改造，很可能事与愿违甚至带来灾难性的后果。与其急于追求通过革命带来进步，不如更多地尊重和保守传统价值和制度，更加谦逊地试探性地进行改革。

与自由主义流派和社会主义流派广受讨论不同，英国保守主义较少受到社会政策领域学者、特别是中国的社会政策领域的学者的关注。一方面是由于英国保守主义本身强调经验与传统的重要性和人的理性的局限性，所以拒斥仅仅依靠逻辑演绎建构抽象宏大的理论体系，其代表人物往往出身上层，对工业革命特别是第二次工业革命后新产生的种种经济社会问题和政策鲜有兴趣，认为那些琐碎的庸俗的和平民斤斤计较、蝇头小利的事情交给公务员去做即可，所以英国保守主义与其说是一个学术派别，毋宁说是一套相对松散的政治文化传统。虽然影响巨大但少有在经济政策或社会政策领域的典型代表人物或纯粹的知识体系，其思想主张在宏观层面具有一些较为稳定的要素，而在中观和微观层面往往在不同历史时期和社会形势下根据宏观政治哲学方向的需要借用古典自由主义、新自由主义、新古典自由主义甚至（有时）民主社会主义的知识、分析框架或政策建议，因而被与经济学、管理学和社会学依赖关系很强的社会福利和社会政策学界探讨较少。另一方面是因为英国（及美国）保守主义和欧洲大陆保守主义内核差异巨大，更加分散和模糊了学界对其的研究和探讨。加之“保守”这一词汇的汉语意涵在中国的话语体系中有贬义倾向，导致国内学界对其的探讨也更加不充分。然而，如果要充分理解英国的社会福利思想、社会福利政策及其与政党政治的关系，必须要理解英国的保守主义政治传统。它不但直接影响到英国福利政策的性质及走向，还通过对其他福利思想流派潜移默化的影响间接影响到福利政策。

通过上文分析可知，要给英国保守主义下一个严格的定义既困难又无必要，不过至少我们可以明确其几个要素。第一，保守主义的核心要义在于维护现有政治经济社会结构的相对稳定性，反对任何过于新颖、激烈和极端化的改革措施。后者随着时代变化而有不同对象，在与社会福利直接相关的领域，其在 19 世纪初主要是古典自由主义，在 19 世纪末主要是激进社会主义，到 20 世纪中期则是民主社会主义。第二，保守主义强调对传统习惯和制度的尊重，警惕各种理性主义的完美规划。保守主义认为各种民间的、地方性的传统的知识或习俗之所以能够长期存在自有其合理性，哪怕从“理性”或“科学”

的视角看来已经没有道理。在对“理性”和“科学”过于自信的情况下对现有习俗和制度进行激进变革，不但不一定能实现美好蓝图，还有可能造成灾难性的后果。所以保守主义成了阻碍英国福利国家集中化和迅速发展并最终收缩的重要思想力量，这也是保守主义在自由主义于19世纪末激进化后与之分道扬镳的重要原因。第三，保守主义主要是上层阶级力量的代表，强调对财产权的维护，这是英国的社会福利制度在大多数时候较为温和的最主要的政治文化根源。与自由主义者不同的是，保守主义者维护土地或资本的利益的理论依据，并非是古典政治经济学的市场和自由竞争万能的经济理论，而是天然的政治出身和政治目的需要。因此，与自由主义者相比，保守主义者虽然同样支持私人经济，因为这有利于资本家积累财富以及增强英国国力，但从来不会无条件支持自由贸易。与民主社会主义者相比，保守主义者虽然不反对发展福利国家，因为这有利于促进社会稳定和团结、集体主义精神和国家权力的控制力，但从来都对平等主义倾向和工人运动持敌视或至少是警惕的态度。

以研究撒切尔夫人改革为代表的部分学者，将保守主义社会福利思想与新古典自由主义社会福利思想混为一谈，实际上，保守主义者对社会福利和福利国家的观点比新古典自由主义者更为复杂。首先，他们并不反对采用一些集体主义的福利政策，保守党的政治家也宣称他们在战后福利国家的建立中扮演了积极角色，事实也的确如此。比如保守党的政治领袖们就从未公开质疑或批判过国民保健系统（NHS），同时，经典的保守主义者对新古典自由主义学说持谨慎态度，认同福利国家对社会团结的维护和对市场经济下极端个人主义过度发展的矫正作用。保守主义者对福利国家本身并不排斥，他们反对的是福利国家的过度扩张及其带来的道德堕落的后果，以边际为核心概念的新古典自由主义经济学对福利国家的反对，是从经济效率和成本角度，保守主义者相对不是特别重视这些问题。因此，在20世纪70年代出现的所谓新右派，是指把新古典自由主义市场经济理论加以扬弃后吸收进传统保守主义理论的一批学者和政治家，撒切尔夫人及其领导的保守党就是新右派的典型代表。其政治改革实质上是以新古典自由主义为名行保守主义之实，之所以能如此，是因为彼时的政治经济社会环境使得新古典自由主义的某些理念正好能为保守主义所用。

英国保守主义还体现在对其他思想流派及其政治力量发挥作用的方式上。例如，主张渐进改良的社会主义路线的“费边社”在英国政治舞台比其他社会主义派别的普遍接受度更高，甚至被认为相较社会主义更像保守主义；又例如，大多数时间，工党的改革目标较为温和时就容易当选，20 世纪末工党的“第三条道路”意识形态某种程度上也是社会主义中间派部分吸收保守主义理念的产物，其理论创始人之一吉登斯也曾说“哲学保守主义的主旨就是走中间道路”①。（安东尼·吉登斯，2000：70）

（四）社会主义社会福利思想

英国语境中的“社会主义”不是我们话语和实践中的科学社会主义，对于英国的某些流派，它不是一个和“资本主义”非此即彼、对立的概念，它只是一系列要素，在不同的流派那里可以和资本主义的部分要素在一个社会统一体内不同程度地共存。其实在美国，它退化为类似于“集体主义”的概念；如果要给英国语境中笼统的“社会主义”找一个对立概念，那么最贴切的应该是“个人主义”；具体到本研究的范围，可以认为就是“自由主义”。英国社会主义传统主要有两重来源，其一为英国本土的社会主义传统，包括渊源久远的各种所谓基督教社会主义和以莫尔和欧文等为代表人物的空想社会主义。其二则为 19 世纪中叶以后由欧洲大陆传入的马克思主义及其各种修正主义派别。需要注意的是，英国的各个“社会主义”派别一般来说都

① ［英］安东尼·吉登斯：《第三条道路——社会民主主义的复兴》，郑戈译，北京大学出版社 2000 年版。

与经典自由主义缺乏交集，但却或多或少地受到了其强大的保守和经验主义的政治文化的影响。

（1）伦理社会主义社会福利思想

伦理社会主义很大程度上来自于基督教传统，不同思想家的思想主张差异较大，是一个松散的思想派别，从本质上看和马克思主义相去甚远，只是共同具有一些集体主义和互助友爱等社会主义主张的道德要素。伦理社会主义从人道、同情心等情感范畴的内容和基督教教义中的伦理、道德、责任等内容出发，坚决反对资本主义市场经济金钱至上的价值观，认为贫困和严重的不平等及其所带来的种种社会丑恶是需要消除的，但解决之道是重新树立互帮互助、慈善友爱的价值观，改造无限制刺激个人物质私欲的社会风气，支持在道德认同基础上的自愿和自发的慈善和互助行为，不赞同国家进行大范围的社会福利立法。国家在福利领域的干预应该立足于提升人们互助友爱和勤俭自立的道德意识，而非通过充满复杂功利算计的制度来加剧道德的退化。因此，伦理社会主义总体而言对于政府大包大揽的福利国家建设持质疑态度，特别是当这些行为挤出传统和私人的慈善行为时。同时，伦理社会主义者大多支持私人财产神圣的传统理念，所以对强制性的大规模再分配和平等化政策也持反对态度。伦理社会主义还支持立足于“普遍人性”要素而反对会加剧阶级分化的社会福利政策，比如对于惠及全民的免费医疗和在贫困地区发展教育之类的政策就特别支持，而对于外包给私人保险公司的高水平职业年金、或者会加剧行业和阶层利益冲突的其他职业福利就不甚支持或者反对。

（2）费边社会主义—社会民主主义社会福利思想

英国的社会民主主义无论从思想上，还是从其思想家和政党载体上，都基本由费边社会主义演变而来。费边主义来源于 19 世纪末知识分子为主体的“费边社”，认同马克思主义的国家概念和阶级分析方法，但否认暴力革命，认为应通过议会内斗争和渐进式改革逐步实现社会主义。费边社会主义追求更高程度的社会平等，对一般的社会福利事业一般都持积极态度，但强调与经济发展水平的适应，主张一种温和的集体主义。费边社会主义的理论主张最为清晰和逻辑连贯。在社会福利领域，由于其始终坚持以实现公有制和平等化为最终目标，所以既支持收入和财富的再分配、又支持非商品化，还支持在社会主义政党执政的国家主办社会福利。不过由于费边社会主义强调渐进性，所以往往强调社会福利的再分配、非商品化以及国家干预的程度都应该同经济发展水平相适应，不应妨碍到现有的市场经济体系的运转，福利资源应该由现有的经济体系的利润剩余来提供。因而在福利国家建立之前其社会福利政策主张和其他派别相比往往显得较为激进，而当福利国家建立之后其社会福利政策主张就开始倾向审慎和守成。

社会民主主义用在社会福利领域，一般有两种含义。第一种含义出现的频率较高，广义讲，为“民主社会主义（Democratic Socialism）”的遗产并与其含义类似，是一种“修正主义”的社会主义意识形态，背离了科学社会主义理论。肇始于 19 世纪末 20 世纪初由伯恩斯坦等人提出的一系列改良主义社会主义理论，核心内容为放弃无产阶级通过暴力革命推翻资本主义制度以建立社会主义和共产主义的路径、主张在资本主义框架内通过和平参与民主选举制度和渐进式改良以实现社会主义，其内涵在 100 多年里不断变化，但上述核心内容未变。狭义上讲，社会民主主义与民主社会主义有一定的区别，与劳工社会主义、道德社会主义、费边社会主义等也是不同的思想流派。但在英国社会福利这一研究范围内，基本可以认为社会民主主义社会福利思想就是费边社会主义社会福利思想的继承。社会民主主义作为一种政治思想，主要行动载体为西欧各国的工人党或者社会民主主义政党，追求一种公共利益优于私人利润的利益的制度，国家应该在计划经济的范围内限制和帮助私有者，防止其滥用权力，同时使其对增加生产和福利做出贡献；直接经济政策目标是“充分就业、提高生产、不断扩大福利、实现社会安全、实行一种公正的收入和财产分配”（张志洲，2011，p. 239）。

社会民主主义的第二重含义出现的频率较少，主要指一种福利体制类型，来源于艾斯平-安德森（2003）通过量化研究的结果进行的福利资本主义类型划分。简单地说，这类福利体制以斯堪的纳维亚福利国家类型为代表，社会福利高水平、广覆盖，国家权力全面积极介入社会福利，以高税收和高程度的再分配为显著特点。此福利体制较之自由主义福利体制更加强调结果平等、高水平的福利和集体主义原则，较之法团主义（保守主义）福利体制更加强调福利的普遍享有和去身份性。

（3）劳工社会主义社会福利思想

劳工社会主义或者劳工主义，产生于友谊社等工人互助组织及后来的工会运动，是一类思想和行为的统称，代表产业工人利益，派系较多，缺乏独特而一贯的思想理论体系和政治诉求。大多支持公有制，认同阶级斗争分析法，倾向于通过议会外自助互助组织和社会运动的方式争取权益，其核心共性在于维护眼下的工人阶级的利益诉求，对其他更广泛、更积极或前瞻性的社会运动不感兴趣。英国的劳工主义起初对社会主义和社会民主主义的热情不高，对国家主办的社会福利事业及其在工党内的支持力量持警惕甚至敌视态度，因为这与他们的利益无关甚至有可能损害他们的利益。在 19 世纪末 20 世纪初，对国家社会保障制度持敌视或消极态度，后来对各项社会保险和社会救助制度的态度从消极变为积极，但对教育事业始终热情不高。随着经济社会的发展，特别是第二次世界大战后，劳工主义的影响力越来越小，但每到经济形势恶化、失业增多时就又会有复兴迹象，比较典型的是 20 世纪 70 年代末 80 年代初和 2010 年之后的两次。

劳工主义是否应该被归为社会主义类别仍然存在争议，其同伦理社会主义相比，缺乏系统和连贯的理论内核。由于劳工运动本身的复杂和分化，以及不同时代其在政治社会结构中的位置千差万别，所以其主张也多变，难以概而论之。比如熟练工人工会和非熟练工人工会对待再分配和非商品化的态度就极为不同，前者往往不甚支持，而后者则十分支持。再比如，在20世纪前期，劳工主义者对国家主办社会福利往往持警惕态度，因为当时选举权还未普及，有财产资格限制，工人大多还没有选举权，国家政策的话语权都掌握在资产阶级手里，而且对国家举办的济贫制度的不人道后果也有切身体会。同时，劳工主义者对于政府普及教育十分反感，因为很多人希望子女能够尽早工作赚取收入而非去上学。然而到了20世纪50年代之后，随着劳工的地位普遍提升、普选权的确立、福利国家建立带来的好处以及新科技革命造成的就业形势的变化，劳工主义者不再像20世纪初那样反对国家主办的社会福利，也不再一致反对国家的教育政策。

笔者认为要区分自由主义社会福利思想、保守主义社会福利思想和社会主义社会福利思想及其分支各流派在社会福利具体政策领域原初主张的不同，如果不是使用艾斯平-安德森的定量研究方法①而是从概念含义出发进行理论定性研究，那么只援引他的非商品化②这一个指标是不够的，还应加上对财产/收入再分配（的广度与深度）和国家（主办的）福利的态度及理由这两个指标。财产/收入再分配程度反映的是对经济平等程度，或者抽象来说是对福利权利与福利义务之间关系的态度，而对国家福利的态度则反映出对福利权力的分配结构的态度。综合上述三个指标，就可以比较清晰地区分出各个思想流派的社会福利政策主张倾向的区别。

---

① 参见［丹］考斯塔·艾斯平-安德森《福利资本主义的三个世界》，郑秉文译，法律出版社2003年版。

② “非商品化”的含义概括地说就是福利获得与劳动价值在市场的实现程度脱钩。

表 1　　各个思想流派的福利主张不同维度的异同及其核心理由

		收入/财富再分配		非商品化		国家福利	
		态度	核心理由	态度	核心理由	态度	核心理由
自由主义	古典/新古典自由主义	反对	破坏由市场规律	反对	自由市场统治一切	基本反对	自立市场本位，国家“守夜人”
	新（激进）自由主义	有限支持	赋予在自由市场竞争能力的机会平等	基本反对	帮助那些无机会的人是为了让其有能力被商品化	有限支持	市场固有缺陷需要国家补缺
保守主义		基本反对	财产权神圣，但需消除社会丑恶和不稳定	部分支持	维护传统特权和身份，反对庸俗金钱观，但也需维护劳动美德	有限支持	国家应维护社会整合，但不应过度侵蚀民间和传统的福利方式
社会主义	伦理社会主义	有限支持	同情心，人道	支持	反对金钱和供需关系对劳动的异化	基本反对	挤出传统慈善和救济
	费边主义	支持	结果平等	支持	渐进消灭资本主义	支持	国家掌握在社会主义政党手中就可以渐进实现社会主义
	劳工主义	不一定	视自身阶层情况而定	不一定	视就业和收入情况而定	基本反对	挤出工会和互助福利，是资产阶级虚伪的恩赐

（五）场域

场域（Field）最早是一个物理概念，被法国社会学家布迪厄用于社会科学，他将其定义为“为位置间客观关系的一网络或一个形构，这些位置是经过客观限定的。”① 布迪厄提出场域这一概念主要是为了

① Wacquant, L. D., Towards a Reflexive Sociology: A Workshop with Pierre Bourdieu, *Sociological Theory*, Vol. 7, No. 1, 1989.

打破以往社会科学研究对主观性与客观性的割裂，比如主观的“行动者”与客观的“环境”、主观的“个体”与客观的“结构”等。场域是在客观性中蕴含着主观性，而与之对立的“惯习”概念则是在主观性中蕴含着客观性①。本研究探讨社会福利思想与社会福利政策的有机联系，其“中介”包含经济基础、社会状况、政党斗争与国际形势等复杂的因素及因素间的有机互动关系，不是简单被动的“背景”“环境”或“影响因素”等概念可以恰当表达的。所以在本研究中，借用场域概念意指社会福利思想与社会福利政策的互动方式，以及影响上述两者互动方式的各种主客观因素的关系及其特点。

第二节　文献综述

现有的关于英国社会福利制度、英国政党的福利政策和社会福利思想理论以及上述三者之互动关系的研究，可分为如下四大方面进行综述。关于英国社会福利制度的梳理和讨论，关于英国政党政治与社会福利的互动关系的研究，关于英国社会福利体制类型和性质的研究以及关于思想传统、社会文化等因素对社会福利的影响研究。上述研究是本研究的重要基础，上述研究存在的不足是本研究要修正和进一步探索的问题。

一　对英国社会福利制度的梳理和讨论

对英国社会福利政策的梳理和讨论是本研究的感性材料基础，可分为两类。第一类，主要聚焦于某一项具体政策或某一段时期的重大福利事件的梳理和简单评价的微观研究。这类研究数量多，比如对于艾德礼任首相时的工党政府的住房保障制度研究，对于撒切尔夫人领

① 毕天云：《布迪厄的“场域—惯习”论》，《学术探索》2004 年第 1 期。

导下的保守党的养老金改革梳理等。这类研究可以帮助我们了解典型时段的政策细节，很有必要。但大多数此类研究局限于介绍感性材料而缺乏对该项制度的运行背景及制约因素的考察。丁建定对英国济贫法和社会保障制度不同历史阶段的具体内容及其社会背景进行了详细的梳理，是国内这一领域的代表性研究成果①。

第二类，宏观地把握英国社会福利制度历史的特点及政策出台的历史背景和动机的研究。此类中的大多数对于“流行”和“刻板印象”式的历史解释架构反思不足。比如有若干研究有一种先入为主的假设，即英国工党和保守党相比，就是全心全意推广社会福利的党，但实际上工党成立初期在很多方面是反对国家福利的（Pelling，1968a，p. 3-5；Simon，1974；Thane，1984）。有研究认为，20 世纪初的自由党为了选举上台不得不争取工党的支持所以进行社会福利建设，但实际上 19 世纪末对自由党产生巨大影响的“新自由主义”② 已经开始强调，国家应适当干预以避免一些非自身过错导致的贫穷。有研究倾向于将二战后初期的福利举措简单归因于战争经历和《贝弗里奇报告》的正面影响，但也有论者指出福利国家建设并不必然由这两者所致，瑞典就没有经历战争但也建立了高水平的福利国家（Smith，1986）。还有很多研究认为“共识政治”时期双方的政策就是一味地趋同，但实际上正是对于“趋同”的过度关注和对保守党始终存在的理论异见的忽视，导致对撒切尔夫人的保守党政府的改革缺乏理论理解（Webster，1994，p. 72）。很多论者认为撒切尔夫人执政时期的社会福利就是在单纯的新自由主义指导下全面右转的改革，但实际上其经济政治改革虽然是颠覆式的，但在社会福利领域却相对谨慎。还比如，很多研究将布莱尔的“第三条道路”改革简化理解，认为其就是

---

① 参见丁建定《英国社会保障制度史》，人民出版社 2015 版。

② New Liberalism，以霍布森、霍布豪斯等人为代表的思想流派，而非 20 世纪中叶以来以哈耶克、弗里德曼等人为代表的 Neo-Liberalism。

一种既不能丢弃工党本色又想学习新古典自由主义的简单折中路线，但实际情形远较此复杂。类似的认识和研究偏差还有很多，存在对社会福利历史事实的简单分类和标签化理解的问题，也缺乏对福利思想内涵的准确甄别和深入澄清。

二　关于英国政党政治与社会福利的互动关系的研究

20世纪特别是二战后的西方政治学研究以行为主义和“理性选择流派”为显学，借用经济学的理性人分析法和博弈论，聚焦探讨微观层面的政策议程和选民行为的互动关系，认为思想传统、社会文化等因素属于“科学”之外的范畴，可证伪性差，因而研究较少。现有的涉及英国政党政治、工会斗争等政治社会因素与社会福利政策之间互动关系的研究更多地强调客观因素的强大影响力，更多地持一种结构主义的观点，即特定的政党政治或政党与工会的关系结构加之客观社会经济状况，必然会导致政党倾向于采取某种福利政策。具体到英国的情况，即认为在战后二十年偏左的共识政治和20世纪90年代后工党的右转主要是客观的政党斗争情势和客观政治经济社会状况导致的必然产物，而且不论是哪个时代，不同政党政策都体现出“趋同”的特点①。这类研究倾向于“去思想化”“去意识形态化”，研究往往假设认为某个政治主体采取怎样的福利政策，遵循实用主义的立场，最终取决于客观经济社会政治条件和选举胜利的目标的制约。特别是进入后工业社会，选民也越来越实用主义，因此思想和意识形态越来越不重要，可以根据需要随意改变，甚至成为一种可有可无的标签。

上述观点有一定道理，但有失偏颇，理由如下。首先，社会意识虽然产生于社会存在和社会实践，但它一旦形成就具有相当的独立性

① 参见郭静《政党轮替的政策价值——英国社会保障政策的政治分析》，中国社会科学出版社2010年版。

和稳定性，并不是可以和社会存在和社会实践同步变动的事物。社会福利领域的各种思想理论和价值取向很多都已经存在了相当长的时间，并且很多流派的主张即使在很久以后、或者在政治经济文化背景全然不同的国家和地区也拥有支持者和实践者。其次，人们进行社会实践，归根结底要在社会意识的指导下进行，对于一个政党，不可能不在一套较为稳定的理论体系指导下行动，更不可能随时更换指导思想和大的施政方针，那样只会造成人心混乱而无法继续活动。所以，无论指导思想和执政方针是出于某种理论信念还是出于现实需要形成的，它的具体行动总是要受这些指导思想和执政方针的指导和影响，因此研究不可能忽视这些思想理论的意义。最后，无论思想意识形态的所谓“独立性”如何，但凡重大的政治调整，都需要先有思想来为政治行动提供理由，影响人们的看法甚至统一人们的思想，这样才能进行政治行动。因此，思想意识形态本身也是有其独立价值的。此类研究较少注意到，面对同一客观经济社会政治状况，不同政党以及不同的政党领导人或政策学者完全可能会有不同方向和性质的主观认识和政策偏好，较少关注不同时期选民群体和不同政党之间利益关系和认同结构的复杂性，还忽略了政党维护其意识形态和政策大方向的稳定性在政党政治斗争中的重要性。

福利制度政治学这一领域的很多重要成果往往是建立在公共选择理论基础之上（孙洁，2008，p. 181），而公共选择理论的核心假设之一就是政党是一个理性的组织，一切行为以赢得大选为最终目标，于是其福利政策也是在此目标下的理性行为。代表性研究（郭静，2010）通过对英国 20 世纪 50 年代至 70 年代政党社会保障政策的考察，发现了不同政党福利意识形态的差异与现实中的各种客观制约条件相比，对政党的福利政策选择并不重要，思想差异归根结底要受现实政治需求的制约甚至服从后者。这种研究思路和结论对于我们了解西方议会民主制下福利政治的运作流程，进而认清西方政党政治和福利政治的本质有很大的启发意义。然而，不能由该研究的历史阶段表面上的“福利共识”而推论出福利思想本身并不重要，原因在于，第一，该时期保守党和工党虽然在社会福利政策最终输出结果上显示出“共识”，但仍然存在许多不同；第二，两党的社会福利思想倾向虽然确实存在共识，但仍然存在本质差别，这导致了两党在同样的环境下被选举上台及推行社会福利政策的可能性和难易程度的差别。两党所选择的福利思想差异并未消失，只不过延后展现，思想差异较大的政策只不过在本阶段还没有执行或在试探性执行。如果将目光投向20世纪70年代中期之后，这种政策输出领域的“共识”就不复存在；第三，这种两党间的“福利共识”的背后，是两党内部福利意识形态“左”与“右”的激烈斗争。这一阶段，整体偏右的保守党的“左翼”和整体偏左的工党的“右翼”暂时在社会福利政策领域居于上风，形成了在社会福利政策领域的表面共识，而两党各自内部的分裂和斗争并没有因为表面“共识”的持续而消弭，反而愈演愈烈。到了20世纪70年代中期，整体偏右的保守党的“右翼”得势，而整体偏左的工党的“左翼”得势，于是，表面上的“共识”也就不复存在。不论最终的政策输出结果相似度如何，思想的分歧始终存在并真实影响着政党内部和政党之间的政策斗争。20世纪70年代中期以后，面对当时经济滞胀、失业率居高不下、社会矛盾激化的社会现实，以撒切尔夫人为首的秉持新古典自由主义理念的保守党右翼在保守党内得势，他们认为工党的国有化、臃肿的官僚机构、扩大公共开支和高福利等“社会主义”方向的福利国家是“英国病”的罪魁祸首。而持激进立场的工党左翼也开始在工党内部占上风，他们的主流认识则恰恰相反，认为保守党政府对社会改革和福利国家建设的不断掣肘，以及1964—1970年威尔逊领导的工党政府错误地采用克罗斯兰等人的右倾修正主义经济社会政策，才应该为当前的困难负责。因为这种困难恰恰是资本主义走向穷途末路的标志，只有进一步全面扩大公有制和福利国家才是正途。于是，工党和保守党在二战后存在了二十多年的“福利共识”宣告结束，代之以长期的政策迥异。显而易见，这个阶段的社会福利政策的变化情况则反映出社会福利思想不仅重要，而且不同政党所选择的社会福利思想显然不能用同样的社会经济政治基础来进行同一的解释。需要注意的是，上述认识分歧并不只是代表两党少数领导人的意见，全面扩大公有制的激进的“1973 纲领”也在工党年会上以多数票获得了通过，1979—1983 年工党更是经历了一个“意识形态决定政策形成时期”（刘成，2013，p. 235）。工党领袖富特曾指出，工党要目光长远，不能曲意逢迎而是要力争慢慢改变英国人民短期的情绪，工党在本质上是一个有道德的党，即使在大选中失败，也要坚持党的信念①。这就更加说明了思想意识形态的独立作用，甚至在固执的领导人手中会凌驾于西方议会民主制下各党的核心诉求——选举胜利——之上。政党的很多行动从赢得大选看并非是理性的，其决策者和对决策有重大影响的人们的行动很可能并不理性。比如英国工党在 20 世纪 70 年代至 80 年代就长期被激进左翼控制，而他们可以说是明知其恢复和扩大国有化（并且不保证产权足额赔偿）及明显向工会倾斜的政策主张根本无法在大选中获胜，但仍然在意识形态和信念驱动下抛出“自杀式”的竞选纲领②。因此，政党行为的理性化假设并不适用于现实中的很多案例。

从西方议会民主制政党的性质和目标看，无法忽视思想意识形态对其福利政策的重要影响。西方政党在制定和执行政策时从根本上受到“二元逻辑”的制约——赢得大选上台执政和保持党的存续。赢得竞选和保持党的存续看似目标一致，但实际上是对立统一的关系。赢

① Eric Shaw, *The Labor Party Since* 1979: *Crisis and Transformation*, London and New York: Routledge, 1994, p. 17.

② Iain Dale, ed., *Labour Party General Election Manifestos*, 1900-1997, London and New York: Routledge, 2000, pp. 241-287.

得大选上台执政实际上是短期利益，如果只考虑这一点，则一个政党为了赢得尽可能多的选票而提出能够讨好彼时最有价值的选民，哪怕违背自己的党纲和一贯的政策传统，哪怕得罪自己的“忠实选民”。而保持党的存续则需要考虑长远利益，就必须保持党的性质和外在形象的鲜明和独立，就必须维持政策方向和选民阶级基础的相对稳定。这时，指导思想就会扮演重要角色，“冲抵”一时的客观形势的影响。如果功利地为了一次大选的成败而擅自改变政党的一些稳定特质（且不说这种情况事实上很少发生也很难发生，除非遇到极为强势的领导人或特殊罕见的政治形势），长期可能会导致政党失去特色、信誉及中坚选民群体而淡出政治舞台。由于工党选择在议会民主制框架下追求自身的社会主义目标，这就注定了其始终无法摆脱二元逻辑的困扰。布莱尔的话就体现出了其作为领导人力图实现二元逻辑的兼顾："没有原则的权力是贫瘠的，但是没有权力的原则是无益的，这是一个有执政能力的政党，我将作为这样一个政党的领导人。”（布莱尔，2008，p. 102）工党重要的左翼思想家拉尔夫·米利班德在《议会主义：工党政治研究》中就一针见血指出，英国工党作为一个声称追求社会主义目标的政党，却教条般地深深地沉迷于议会主义（Parliamentarism）①。因此，工党虽然声称代表工人阶级的利益，但工人阶级的核心和最终利益必须通过建设社会主义才能实现，而由于社会主义从本质上讲不可能通过资本主义议会民主制来实现，因而工人阶级的利益最终也不可能由工党真正实现。英国自由党的衰亡史也是一个明显的案例。该党主要代表一部分小资产阶级和后来所谓的“中产阶级”选民的价值诉求，“迂腐”地坚持以自由贸易和低税率为代表性政策的传统自由主义思想。即使假设其在 20 世纪前半叶的衰落是因

① Ralph Miliband, *Parliamentary Socialism: A Study in the Politics of Labour*, London: Merlin Press, 1972, p. 1.

为误判了选民的意向，那么在二战之后的几十年里，该党没有一次选举胜利而且支持率和新的两大党（保守党和工党）相比始终可以忽略不计，其仍然坚持传统价值理念，只能认为是它放弃了把执政作为首要目标。由于二战后的自由党成员相对来说知识分子较多，其中不乏社会政策分析的专家学者。同时，由于争取选民支持的压力较小，自由党的竞选文件往往更为“科学”“理性”和“精细化”，意外地吸引了选民的关注。虽然大多数选民知道自由党的执政能力有限所以并不会投票给它，但他们会用自由党提出的政策意见来给两大党施压，导致两大党在设计自己的竞选宣言和政策文件时，不得不重视自由党的“意见”，而自由党也就“安于”这种角色。当然，采用这种逻辑的根源是自由党已经丧失了整合更广泛的社会阶层和利益集团的执政能力，但其作为一个政党而长期存在的事实，证明了坚持稳定价值观的逻辑是可以独立于竞选上台的逻辑，而成为一个政党在较长时间的主导决策逻辑的。下文的分析也说明，工党在布莱尔上台执政前的20多年的内部思想斗争的发生基础，很大程度上就是这两种逻辑何者为先的斗争。

而且，政党并非具备完全信息的“理性人”，虽然各种竞选预测技术不断发展，但在竞选结果出来之前，其对采用何种思想立场来指导政策能够赢得竞选并不可能有一个绝对的判断。比如在20世纪70年代末到80年代末，面对竞选的接连失败，工党左翼与右翼对失败原因的认识完全不同。左翼认为经济社会形势的变化要求更加激进的社会改革，由于工党推行中间道路，不敢推行进一步的国有化和平等化，只敢采用资本家们也能接受的政策进行小修小补，这既是长期经济滞胀而显得“无药可医”的根源，也使贫富分化加剧从而造成广泛的社会排斥和社会断裂，还使工人阶级选民失望从而不再投票。右翼的认识和左翼截然相反，他们认为经济困难的根本原因是福利国家在“养懒人”，导致劳动力市场直至整个经济体缺乏活力，大量长期依赖国家福利为生的失业者脱离了工作环境和主流社会，从而导致社会排斥和社会断裂，犯罪率上升。由于传统的工人阶级选民不断“上升”为中间阶层，而工党保持与工会的亲密关系以及死守公有制条款，从而导致这部分中间选民不再给工党投票。

三　关于英国社会福利体制类型和性质的研究

瑞典学者考斯塔·艾斯平-安德森在《福利资本主义的三个世界》中对福利体制类型的划分，是福利制度宏观视角研究中一项影响深远的研究。很多研究者沿用艾斯平-安德森对于福利资本主义体制的划分，认为英国的福利体制主要是一种自由主义的福利体制。同样也有很多研究者批评艾斯平-安德森的分类方法，认为英国自由主义福利体制的特征并不典型，与典型的美国式自由主义比相去甚远。很多批评其实是误解了艾斯平-安德森的研究方法和思路，对于艾斯平-安德森的指责并没有针对其研究的真正不足之处。安德森虽然试图从多方面比较分析他所划分的自由主义、合作（法团）主义和社会民主主义三种福利体制的差异，但他的研究本质上是一种依据量化数据结果（“去商品化”程度）的聚类研究。当然，他在选取量化指标时，努力使其能够反映福利体制的价值观、其他因素导致的社会组织方式及历史演进逻辑的差异等社会学特征，使“去商品化”结果的差异与之具有同步性，但并无法论证这之间的必然契合。所以其国家归类的最终依据是按照去商品化的量化数据处理结果来进行的，按照程度的不同线性归类为“自由主义模式”“合作主义模式”和“社会民主主义模式”。换言之，也许在艾斯平-安德森研究的时期，按他所选取的“去商品化”的指标所进行的三种国家的分类正好契合他从理论上对三种福利模式的推演，但“去商品化”这一个指标并不能阐释各种模式之间复杂和本质性的差异。比如从逻辑上讲，以依赖劳动身份为显著特征的合作主义福利模式，并不必然导致其去商品化程度介于“残补型普适”的自由主义福利体制和“承包型普适”的社会民主主义福利体制之间。

艾斯平-安德森的研究方法并没有问题，但其他作者引用和对话时就常常将研究中的三个“主义”直接换为思想或意识形态，并将之与安德森所分类的国家相对应，这是错误的引用。错误原因首先在于，安德森所贴的这三个标签本身并不是指思想。从安德森该书的论证看，并不能推导出某个国家被归类为某一种类型，就意味着相应名称的思想就是该福利制度的主导意识形态，该福利体制很可能，甚至是在与那个标签的名称相对立的思想的指导下的产物，或者是各种不同意识形态的混合产物，不过其福利制度的去商品化的量化结果落入了那个标签规定的区间。同时，安德森的非商品化量化结果数据分类仅仅局限于某一时点，最多某一时段，而某一政治体的社会福利制度特征从较长的历史时段看不一定是稳定的，很可能由于政策突变发生重大偏离，并不能代表该政治体长期的社会福利制度特征。

英国在艾斯平-安德森的福利体制划分研究中被归为“自由主义”类型，这是其研究争议最大的内容之一。安德森从他所建构的概念和框架出发得出这样的结论，如果不能找出其数据来源和分析过程的错误，就不能批评其这种分类是错的。但从另一个角度看，这个划分遭到很多质疑，说明很多论者并不认为英国是一个典型的“自由主义”国家，或者说他们心目中的“自由主义”如果作为一种思想体系，不应该是体现在英国的那种情况。另一方面，安德森的数据来自于撒切尔夫人领导的保守党执政时期，这一时期正好是英国福利制度的变革时期，因此数据结果并不必然代表英国社会福利体制的长期特征。安德森的研究本身在这个维度并没有本质性错误，可正是其他学者对他的研究结果的误用导致了很多不恰当的批评。本研究和安德森的路径相反，正向考察不同社会福利思想流派的原初主张及其对社会福利政策的影响。

四　关于思想文化对社会福利的影响的研究

国外对代表性社会福利思想家及某些思想概念之间的比较研究有着丰硕的成果。然而前文已经提到，由于学科发展的特点，20 世纪特别是二战后的西方学术界对社会福利制度的研究，对于思想传统、社会文化等因素与社会福利政策之间的关系探讨较少，所以对于思想的讨论往往纠缠于个别概念要素在思想史维度上的辨析，忽视了其与真实的政治社会生活的有机联系；而另一方面，对于具体政策的讨论，又以在理性人假设和价值中立基础上，运用调查数据进行定量模型研究为显学。上述研究固然对本研究的某些方面建立了重要基础，但对思想传统、社会文化等价值要素和非工具理性[①]因素重视不足，及忽略社会福利制度的历史性和复杂性，是不容否认的重要欠缺。国内一些研究反而较为重视社会福利思想的历史背景和价值假设，注重宏观制度、微观政策和理性要素、非理性要素的联系及研究对象的逻辑性与历史性的结合。

丁建定将英国社会福利思想领域的重要思想家按照历史阶段和主要思想流派划分，进行了较为详尽的梳理[②]，是国内英国社会福利思想领域研究的代表性成果，为本书研究社会福利思想奠定了重要基础。但其研究的重点在于各个思想家的思想本身，思想产生的历史土

---

① “非理性”不是“不理性”，而是“理性无涉”，考察思想文化传统的影响和理性人假设的逻辑起点不一致，但如果纳入后者的逻辑进行事后判断，思想文化传统和价值观在具体的政策情景中所造成的行为可能是理性的，也可能是不理性的。然而不论是理性的还是不理性的，在真实的政治生活中显然都是大量存在的且会造成显著的客观效果的，因此都需要关注，只采用一种逻辑进行研究显然会局限其对相关实践的解释力和指导意义。如果按照马克斯·韦伯的划分，非工具理性因素还可以细分为习惯、情感和价值理性三类，都是社会行为的驱动因素，本研究所言的思想、文化、政治倾向等要素显然涵盖在韦伯的社会行为“四要素”之内。

② 参见丁建定《社会福利思想》，华中科技大学出版社 2009 年版。

壤往往作为背景因素简要介绍，而本书将重点讨论后者，构建其与前者的关系。其他有代表性的研究往往与由艾斯平-安德森所开创的福利体制类型的研究有着密切的关系，多流于简单模仿或泛泛而谈，并没有系统和准确地辨析各种思想或文化的内涵和外延，也没有较为具体地考察社会福利思想同社会福利政策或制度的互动。韩国学者朴炳铉（2012）对英国福利制度的发展历程如何体现出个人主义文化的影响，进行了较为专门和详细的梳理。既梳理了不同时期个人主义文化在社会福利政策产生和运行的体现，也从宏观历史层面总结了个人主义文化在英国根深蒂固，且在社会福利制度上不断“复出”的特征[①]。而他将英国和美国都视为个人主义文化，没有详细讨论这两个国家的个人主义文化的差异，对于这种文化通过哪些载体和哪些路径如何转化为具体的福利政策，缺乏明确的界定和阐述。相较于“思想”，“文化”这个概念兼具主观性与客观性，过于宽泛又过于微妙，其内涵和外延更加难以把握。因此如果要采用此概念进行研究，还需要更加准确的定义和更加充分的讨论。

第三节　理论思路和创新点

本书认为对英国工党产生重要影响的社会福利思想从意识形态层面，可归类于自由主义和社会主义两大流派的各个子流派名下，而典型的社会福利政策都外显或隐含思想倾向性。关于重要的社会福利思想转化为具有思想倾向性的社会福利政策的“中介”和“动力”，仅采用被动的“环境”“背景”或单向作用的“影响因素”等概念来解释是不全面和不准确的，故应选择复杂性和主客观性兼具的“场域”

① 参见［韩］朴炳铉《社会福利与文化——用文化解析社会福利的发展》，高春兰、金炳彻译，商务印书馆2012年版。

概念来进行解释，而它包括经济、社会、政党斗争和国际政治等多重因素及其相互运动（见图 1）。而这种作用又是历史性的，需要分阶段进行考察。

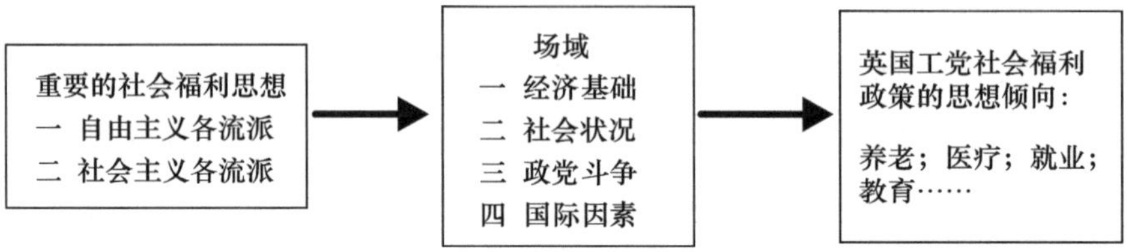

图 1　理论框架

由于涉及社会福利思想和政策在较长历史跨度中的流变，本研究不会孤立地看待社会福利思想及政策，而将其置于更为根本的政治经济思想和政治经济政策的脉络中进行考察分析。随着社会发展，社会福利思想与社会福利政策与大多数政治经济社会制度相比，越来越具有较强的独立于政治经济体制及意识形态的特点，但其从本质上仍然嵌入根本的政治经济体制之中，不可能在根本性质和方向上脱离后者，后者发生巨大变动，前者也不可能独善其身。比如 1996 年工党影子社会保障大臣史密斯，紧随布莱尔的废除公有制条款和倡导混合经济的意识形态，明确指出福利领域也到了结束没有结果的公私之争的时候，重要的是如何使两者协调起来，充分发挥作用为公民服务。其实质一方面是要让私人保险发挥更大的作用，另一方面则为“为了工作的福利”的理念和政策做思想上的准备。因此，如果要充分认识一个政党、一个时期的福利政策的性质和特点，就不能脱离对该政党、该时期总体意识形态和经济社会政策性质和特点的考察。

本研究在思路和内容上力图实现如下创新点。

第一，以往对社会福利理论领域的研究或聚焦于思想，或聚焦于政策，两者都涉及的往往着重研究政策，将思想理论作为背景简单介绍或罗列，或分别介绍理论和政策，缺乏对思想与政策间的联系的研究。本研究同时将社会福利思想和社会福利政策作为主体，重点探讨两者之间的有机联系和导致此种联系的场域。本研究对思想的梳理不是全面的思想史介绍，对政策的讨论也不是全面的政策史梳理，而是重点探讨不同阶段对工党产生重要影响的思想的核心要素，探索思想如何影响政策。对政策的讨论则选取典型政策，发掘其所呈现的思想影响的特点，最终落脚到探讨思想对政策的影响以及政策的“思想选择”问题。

第二，考察各派社会福利思想的原初主张，进行历史性的正本清源，重点探讨能够体现主导思想变迁特点的社会福利政策。某种政治力量根据某种思想制定政策时，不可能已经预见到政策可量化的客观后果，事件发生的本来逻辑是先根据某种想法制定出符合某种想法的政策然后去实施，才产生客观结果，政策实施和政策后果并不一定能够反映政策设计及其所依据的思想的倾向或性质。同时，一个福利政治体内往往不只有一种社会福利思想在发挥作用，一个决策者或决策集团往往受到多种福利思想流派的影响，而且还会随着时间发生变化。比如被艾斯平-安德森归类为“自由主义”福利国家的英国就不只有自由主义这一流派的福利思想，不同政治力量和决策者所受的思想影响也是千差万别。现有研究由于受理性主义和实证主义影响，往往采用这种“事后分析”的逻辑。当然这类方法本身没有问题，也有助于更加真实地认识到社会福利政策的种种客观处境，但如果只有上述思路的研究，就容易忽略思想影响政策路径的多样性、政策制定及执行者主观能动性的巨大作用的现实。所以，本研究对自由主义和社会民主主义这几个概念及每个概念的子概念进行正本清源的探讨，以英国为例，考察不同社会福利思想原初的政策主张，以及其在不同历史时期的流变。

第三，以一个政党的福利政策史为案例，通过梳理该党社会福利政策变迁的阶段性特征，探讨社会福利思想对社会福利政策的影响，首次使用英国工党作为案例。以往关于国外社会福利制度的研究即使涉及政党政治，也只讨论一个时期，或只讨论政党执政时期的情形，而本研究内容的时间起点从英国福利国家萌芽时期、亦即工党成立开始，以英国工党自 1900 年成立直到 2010 年最近一次下野的长时段政治史为背景，研究其社会福利政策变迁史，纵向考察其不同阶段的特点。现有对英国社会福利思想的研究往往更多聚焦于其自由主义社会福利思想体系，包括以亚当·斯密、大卫·李嘉图、密尔等人为代表的古典自由主义，霍布豪斯、霍布森、凯恩斯和贝弗里奇等人为代表的新（激进）自由主义和哈耶克等人为代表的新古典自由主义及其实践，对广义的社会主义社会福利思想体系的研究较少。且涉及这一部分内容的研究往往更为关注 20 世纪初以费边主义为代表的社会民主主义及其实践和 20 世纪中叶的蒂特马斯的社会政策思想，对于劳工主义、伦理社会主义和 20 世纪 50 年代以来的修正主义、新左派的社会福利思想及其政策影响关注不足，而这些思想流派都对工党的社会福利政策产生过或依然产生着巨大影响，对于理解英国社会福利思想的发展脉络和工党社会福利政策的变迁都不可或缺，所以本研究还着重探讨这些被忽视却意义重大的思想家、思想流派及其思想主张。比如，本研究增加了对克罗斯兰等人的"修正主义"社会民主主义思想及其对工党社会福利政策影响的详细讨论；简化了学界已经十分熟悉，与工党的社会福利政策直接关联较少的哈耶克等人的新古典自由主义的介绍；对吉登斯和布莱尔所谓的"第三条道路"从思想源流和实际政策输出上进行分析，对其内涵有了新的认识和评价。

在探索社会福利思想影响社会福利政策的场域时，更加注重以往研究忽视的对政党领导人和领导层、政党组织结构、政党竞争形势及国际思潮等因素对社会福利政策的影响。丰富社会福利思想领域研究的视域，修正研究福利思想和福利体制的简单分类方法，完善对英国社会福利思想体系的认识。通过古典自由主义、新自由主义、新古典自由主义、劳工主义、伦理社会主义、费边主义和社会民主主义等类别来划分社会福利思想主张的倾向和类别，弥补“自由放任”与“国家干预”“选择型福利”与“普遍型福利”等二分法范式在解释福利国家各种变量的不足，也打破对英国社会福利研究领域的保守党“自由主义”与工党“福利国家”的二元对立的标签式理解，试图充分保留社会福利思想主张和社会福利政策的有机联系及其深层动因的复杂性。英国工党和保守党都不是铁板一块，也不是一成不变，不但内部有各种派别，而且内部的派别构成和整体的思想和政策倾向也在不断变化之中，保守党并非一贯主张“自由放任”和“私有化”，工党也并非始终团结一致希望强化国家干预下的再分配。对工党不同阶段思想倾向的结构进行细化讨论，力求发现以往被忽视的多样性，以丰富对社会福利思想与政党的社会福利政策之间的关系及影响场域的复杂性的认识。

第四节　本书的结构

本研究第一章为导论，介绍本研究的缘起和意义、核心问题，回顾研究成果，介绍研究方法和理论创新点。

第二章至第五章结构一致，分别探讨英国社会保险初建时期、福利国家建立时期、福利国家徘徊发展时期和福利国家变革时期重要的社会福利思想主张、工党社会福利政策的思想倾向及思想影响政策的场域。其中的每一章节都分为三节。第一节探讨该阶段对英国工党社会福利政策产生重要影响的社会福利思想理论及影响政策的方式，

“重要的社会福利思想”并非泛泛而谈的“社会思潮”，而是对英国工党的社会福利政策产生了重大影响的思想主张；第二节分析该阶段工党典型社会福利政策变迁所呈现的思想倾向，选取养老、医疗、失业与教育四方面的政策，因为它们不但在政党政策和社会经济结构中重要性突出，并且受社会福利思想影响的痕迹较为明显；第三节考察社会福利思想影响社会福利政策的场域，换言之，则是深入挖掘工党的社会福利政策为什么体现出第二节所述的思想倾向？或者说，工党为何会“选择”（不论是自觉的还是无意的）如上的思想主张或思想主张的组合来“指导”其社会福利政策？这背后的经济、社会和政治动因是什么？

第六章为结论。归纳英国重要的社会福利思想及工党典型的社会福利政策的变迁轨迹，总结思想与政策的有机联系以及影响制约上述联系的经济基础、社会状况、政党斗争和国际因素。

第二章　福利国家萌芽时期社会福利思想与工党政策

1900年，英国工党的前身“劳工代表委员会”成立；1906年，正式更名为工党；第一次世界大战结束的1918年，工党正式确立党纲，确立了主导思想，实现了组织上的基本统一。在这一时期，工党在思想和组织上派系林立，加之其实力远弱于老牌强党保守党和自由党，没有机会上台执政，其政策主张较为零散且缺乏战略性。然而，由于自由党在与保守党的竞争中逐渐处于颓势，不得不依靠与工党的联合来增加执政砝码，所以工党也影响到自由党执政时期的部分政策。在社会福利领域，国家举办的社会保险制度开始建立。

第一节　福利国家萌芽时期的重要社会福利思想

一　古典自由主义的余晖

自由主义同社会主义一样，不是个别思想家闭门造车的产物，始终反映着经济社会发展状况，而且通过思想家、社会活动家、政治家和政客们的活动及其之间的互动，反作用于政党政治和社会经济的变化发展。

古典自由主义思想植根于英国17—18世纪的经济政治实践（“大英帝国”形成中的工业化和殖民经济实践、王权的虚置和议会民主制与政党制的确立、“伊丽莎白济贫法”等），反过来对英国18—19世纪的经济社会福利政策产生巨大影响。最典型的就是曼彻斯特学派的种种政策主张及其对英国经济政治改革的影响。在他们的影响下，尽可能增加出口的重商主义和限制进口的谷物法被废除，这意味着依靠工业和贸易的新兴商业资产阶级最终战胜了依靠地租、捐税和红利的地主阶级，而开始掌握英国政治的话语权。反映在政治上，则是选举权的扩大、辉格党（后来的自由党）的崛起和托利党（后来的保守党）被迫进行的改革。在社会福利领域，1834 年英国国会通过的院内救济的“新济贫法”取代了“旧济贫法”和“斯宾汉姆兰法”，反映了最大限度地创造自由市场和尽可能减少税收及财政规模的古典自由主义理念。

经典的古典自由主义思想家们的政策主张，从来没有像如今为了清晰易懂而“删繁就简”的教科书上介绍的那样“纯粹”过。理查德·贝拉米（Richard Bellamy）指出，自由主义不是一种极端的放纵私欲的个人主义，它持续探讨什么是及如何实现一个自由的社会，这个社会中人们的竞争与合作可以得到恰当的调和（Bellamy，1990，p. 2）。约翰·罗伯逊（John Robertson）也指出亚当·斯密的政治经济学体系中也并非没有政府，后者在调和竞争与财富创造中发挥着重要作用，不过他主要论述的是英国土生土长的代议制主权的作用。同时，政府还负有提供特定公共物品的关键作用（Bellamy，1990，p. 35）。

即使边沁认为个人是个人利益最佳的判断者，但他仍然认为如果能够确定政府干预是最大化社会福利的最佳途径的话，也是可行的。他的学生“自由主义之圣”密尔更进一步，认为在市场力量无效率的某些领域（如初等教育、医疗、公共服务等），政府干预应该得到支持。他认为不应该先入为主从理论上就排斥公共部门力量，而应让其和私人部门竞争。或许只是在资方力量强大、代议制民主制度极为健全，且各种制度设计和思想风潮普遍对国家力量持消极和警惕态度的维多利亚时代的英国，才有可能产生密尔这样认为公共部门和私人部门可以平等竞争的理论家。所以他被称为“维多利亚时代的多元主义者”（Page，1999，p. 82）。

与同时代的法国的政治学家和社会学家托克维尔类似，密尔特别强调防止“多数人的暴政”和少数人权利的保护和尊重。古典自由主义政治经济学体系无法囊括少数人自由的问题。其表面上是极为“自由主义”的，然而实际上那个精致而纯粹的经济理性人假设和能够包罗万象的市场逻辑，又何尝不是使那“看不见的手”成为了“霸权之手”？缺乏在那样一个“一切人反对一切人”的竞争市场中战胜别人的能力的人实际上是没有自由的。边沁功利主义的标准也主要聚焦于实用物质层面，强调最大多数人的最大幸福。然而如同高贵情感或高雅艺术之类的价值，既难以在市场上获得稳定的价值又十分小众，如果任凭市场逻辑控制一切坐视其消亡，显然也不是一个自由和文明社会的人的良知可以允许的。除了少数人的特殊偏好和需要，密尔也开始意识到贫困的原因往往很复杂，并不能完全纳入古典政治经济学的解释范围。因此，应以实用主义的态度看待政府干预的优点，不应一概排斥。

古典政治经济学和功利主义对 19 世纪初英国的经济社会政策大变革产生了重大影响。英国近代史有一个比较有规律的现象，战争期间往往保守主义和保守党更受民众支持，和平时期自由主义乃至后来的社会民主主义就更容易抬头。一个显著的例子就发生在 19 世纪初，英国深度卷入的拿破仑战争结束后，自由主义成为显学，获得了广泛的社会影响，形成了一股批判保守党谬误的热潮，直接促进了保守党自身的改革和英国社会的改革。

这些古典自由主义思想家们的分歧也埋下了日后自由主义思想分裂发展的部分线索。洛克生活在启蒙运动的时代，其自由主义政治哲学以自然法和社会契约理论为依据。边沁处于工业革命蓬勃发展、物质产品极大丰富、资本主义制度确立后的时期，加之看到了启蒙思想影响下的法国大革命和拿破仑战争的残酷后果，他认为形而上的自然法和社会契约理论并非自由社会和民主制度的真实依据，于是试图用趋乐避苦的心理动机（即“功利”一词的本义）取代那些形而上的政治哲学标准。政治经济学家的主要成就在于用市场那“看不见的手”解释个人主义与利他主义在自由社会中的冲突与协调。密尔处于更晚的时代，看到了资本主义充分发展后的复杂现实，成为继承古典自由主义、开启新自由主义萌芽的集大成者。

彼时，保守党和自由党是英国政坛的两大政党，轮流执政。自由主义思想与自由党的思想和活动始终密不可分。自由党的前身辉格党于 17 世纪末期，为反对试图复辟君主专制制度的詹姆士二世而成立，并支持 1688 年确立议会主权的光荣革命，其中的很多成员更是希望废除王权并扩大选举权。但由于还有很多成员是贵族，所以辉格党整体而言是支持贵族制度的。到了 18 世纪，在逐渐成熟的自由主义思想的感召和指引下，党内支持自由贸易和扩大选举权的阶层开始成立各种意识形态和诉求明确的联盟。在思想家和社会活动家们的言论和行为的影响下，“自由主义者”（Liberal）这个词在 19 世纪 30 年代开始流行起来。接下来的二三十年里，主张维护地主和旧商业阶级特权的老辉格党员在党内的统治地位逐渐丧失，1859 年，辉格党被正式更名为自由党。紧接着，自由党党魁格莱斯顿多次担任首相，“全国自由主义者联盟”也宣告成立。产生了所谓“格莱斯顿自由主义”，以自由贸易、财政削减、扩大选举权等自由主义者们的诉求为显著标志。

二　新自由主义社会福利思想的影响

在 19 世纪后半期，随着选举权的扩大，自由党越来越多地通过吸引中产阶级下层、部分行业的工人阶级和工会运动来赢得选票，因此，他们的经济和社会政策越来越多地具有新自由主义的干预主义色彩。在 19 世纪末 20 世纪初，自由党还受到了（英式）民粹激进主义潮流的影响，这股潮流是工人阶级自由主义、民粹保守主义、马克思主义和英格兰传统的伦理社会主义的混合物，始终是分散和多元化的。他们的共性是对国家干预和中央集权持警惕态度，提倡平民主义和地方自治。选举的实际需要和思想意识形态的部分相容性共同促成了自由党和这些派别的不同程度和方式的合作。

布斯（Booth）和罗恩垂（Rowntree）的大规模贫困调查有着振聋发聩的作用，使不了解底层人民困苦的绅士们认识到，恶劣的生活环境和社会条件使工人阶级根本没有脱贫致富的可能。不过这两位作者都是自由主义者，认为只有更充分的竞争性市场经济和继续提升人的道德水平才是改善贫困者生活境况的根本之道。

然而，人们对贫富差距的认识还是发生了巨大的变化。即使是鼓吹自由市场的新古典经济学的代表人物阿尔弗雷德·马歇尔，也认为当时英国社会的巨大的贫富差距即使不涉及道德评价，仅从经济制度本身而言也是一个巨大的缺陷。因此，马歇尔支持适当的收入再分配，只要它不对国民收入产生负面影响。马歇尔的学生和福利经济学领域的代表人物之一庇古，进一步确认了适当收入再分配的必要性，他认为收入最低的工人们将无法应对疾病和年老丧失劳动力等问题，如果不加以帮助，对于工作激励和经济效率并没有什么益处。

霍布森和霍布豪斯试图调和资产阶级道德观与带有集体主义色彩的社会有机体理念，对国家干预的角色持更加积极的态度。与他们倾向类似的马斯特曼（Masterman）认为，强制性的社会服务能够提升英国的“社会效率”，而他当时所处的英国社会，只追求私人效率的过度自由竞争，导致社会集体无效率，反过来又会损害私人效率的促进和实现。

霍布豪斯深受格林发展型唯心主义的影响，他的理论起点虽然为社会进化与有机体理论，然而，他的理论与达尔文、马尔萨斯或赫胥黎等人大相径庭。他认为社会进化是由原子化的个体自私自利和恶性竞争状态向利他主义和相互依赖越来越显著的状态渐变的过程，政府在经济和社会政策上的干预是推进这种进步的必要条件和关键力量。他认为相较于个人性格和品质，自由市场资本主义的运作逻辑本身才是贫困的真实原因。他赞同自由党政府的社会改革，但他认为还应该进行更激进的变革，把更多的不是通过劳动或天赋获得的剩余价值从“好吃懒做”者那里剥夺以让人们过上体面的生活。

霍布豪斯的著作引用了很多他的好友霍布森的思想。霍布森是一名记者，有大量涉及经济社会政治的广泛领域的论述。虽然严谨性和系统性不及大多数“专业”思想家，但由于很多独到而前瞻性的见解对时人启发很大，被称为“凯恩斯之前的凯恩斯主义者”。霍布森认为不受节制的资本主义导致了严重的失业和贫富悬殊，进而导致国内消费不足、对外抢夺廉价劳动力和商品倾销市场的帝国主义，要解决这些问题必须进行大规模的收入再分配。

19 世纪末，伴随着新自由主义逐渐成为显学和其对古典自由主义的批判，自由党也发生了严重的分裂。分裂力量既来自老辉格党员，也来自刚刚兴起的新自由主义的信奉者们，如约瑟夫·张伯伦（Joseph Chamberlain）等。党内对保守党政府发动的布尔战争持不同意见也加剧了分裂情势①。这为自由党与即将成立的工党结成秘密联盟以与保守党进行竞争，从而开始进行以建立国家保险制度为重要内容的社会福利改革埋下了伏笔。

三 社会主义各流派对工党的影响

工党成立初期，社会主义各派别都对其社会福利诉求有显著影

① 纵观英国史，重大的战争往往会导致政党内部和政党之间的重新洗牌，进而导致政党主导思想倾向或大或小的变迁。

响，其中，劳工主义对其社会福利诉求影响最大，但逐渐被费边社会主义和伦理社会主义超越。20世纪前叶，欧洲大陆的工人党纷纷以阶级斗争为核心行动策略，而英国工党的官方策略却始终是议会斗争，以中庸而非绝对的平等主义为政治目标，主张实行渐进的社会改革，以“文明的资本主义”为社会经济政策的短期目标（Crossman，1952，p. 106）。在工党的发展历程中，其福利政策还明显受到其他几个流派思想的影响。

（一）“社会民主联盟”激进主张的失败

社会民主联盟应该是19世纪下半叶英国社会主义者的组织中影响最大的一个，其认为资本主义体制从本质上讲存在着自身无法克服的严重缺陷，由于资本主义价值观和民主政治之间的无法调和的固有矛盾，资本主义制度必然在充斥着政治经济危机的状态下走向崩溃。

社会民主联盟的思想与后来的英国社会民主主义既有联系又有区别。在其领袖韩德曼的领导下，该组织走的是一条严格和教条主义的路径。他们拒绝同工会合作，因为他们认为后者试图同资本家合作，是保守反动的劳工主义者，而要改善工人的境况必须通过暴力革命推翻资本主义制度从而建立社会主义来实现。其领袖认为，虽然国家本质上是阶级统治的工具，是需要被消灭的，但从短期来看，英国的国家机构和力量如果能被无产阶级掌握，可以被改造成有利于社会主义发展的管理者。

苏利文认为在英国当时的环境下，如果工党全盘继承和发展了社会民主联盟的思想，它在英国政治斗争中必然会失败①。而社会民主联盟确实对工党的意识形态并没有产生太大的影响。由于工党与各种阶级成分、思想观念和运动目标多样化的群体和组织进行团结合作，

---

① Robert M. Page and Richard Silburn，eds.，*British Social Welfare in the Twentieth Century*，London：Macmilian Press Ltd.，1999，p. 107.

社会民主联盟在工党成立一年后就退出了工党。由于其把工会联合会看作是一个无法实现社会改革的反动政治力量，它也无法得到更广泛的工人运动的支持。工会联合会在当时采用较为温和的手段为工人争取较好的工作条件、支持友谊社等建立收入保障基金等自助活动，社会民主联盟认为这类措施不但不会像革命那样让资产阶级投降，还会麻痹工人阶级，使其接受资本主义的统治。社会民主联盟被各类工人运动认为是不符合时代潮流的事物，对联盟内的温和派人士莫里斯和曼恩等人的开除导致其对工党的影响愈发微弱，而温和派人士不久就加入了工党。

（二）劳工主义的反国家福利态度及其成因

劳工主义也是工党意识形态派别中的一个重要流派，对工党早期的社会福利政策诉求发挥过重大影响，但后来客观上屡屡成为工党上台执政的阻碍。在20世纪初自由党政府发展社会福利事业而产生福利国家的萌芽时，劳工主义者对其持反对态度。劳工主义反对福利国家主要有两方面原因。其一，对国家济贫政策的负面体验。19世纪国家在新济贫法下进行的院内救济，在劳工及所有普通民众中留下了负面印象，很多人将国家新一轮的社会保障发展想象为强迫劳动的济贫院的进一步推广。1905年到1909年皇家委员会对济贫法的实施情况的调查结果表明，院内救济的方式遭到了普遍的反感，贫困者认为在接受救济期间的生活是令人厌恶的，意味着失去了住宅和自由。而院外救济虽然不涉及失去住宅或自由，但由于人格受到侮辱，一般人也会有强烈的抵触情绪。其二，对国家教育政策的反对。对国家的济贫政策的负面体验只是他们反对国家发展社会福利的一个原因。他们反对的第二个原因主要来自于社会福利的另一个重要方面——教育。很多即将成为工党选民的工人阶级和贫困者认为，政府普及学校教育和提高义务教育年限的行为会延迟他们的孩子赚钱的年龄，从而给家庭带来负担。当时，许多工人阶级家庭迫切依赖处于法定上学年龄的子女赚取收入。虽然在 1891 年，政府免除了儿童教育的学费，工人阶级在子女上学问题上的反对态度转向温和，但整体看，他们依然对该政策及其他可能损失子女收入的政策存在不同程度的抵触和反对。比如，废除纺织行业兼职工作的议案，由于涉及到非常多的童工的饭碗从而遭到了工人阶级的持续抵制，而 1909 年关于将儿童离校年龄提高至 13 周岁的提案，在棉纺织业的全体投票中，反对票也高达五分之四（Sullivan，1996，p. 109）。

对于劳工主义反对国家社会福利制度的根源有两种主流解释。其一，佩林认为 19 世纪末的劳工运动对社会福利的排斥，植根于一种“反国家主义哲学”（Anti-statist philosophy），之所以要反国家，核心原因在于劳工主义意识形态认为国家是被富人控制以及为富人服务的（Pelling，1968a，p. 5），国家那套错综复杂的运作和治理体系让体系之外的人无法看透和了解，工人阶级希望生活世界尽可能多地独立自主而不是被那套暗箱操作控制。其二，希恩（Thane）则认为，劳工运动反对国家福利的最主要原因是他们已经有一套能够执行国家福利功能的替代组织，比如友谊社运动。在 19 世纪末 20 世纪初，友谊社已经有了超过 500 万的会员，以疾病和老年互助保险基金为核心业务。他们认为志愿组织的互助及自助在社会后果和道德判断上都优于国家的再分配干预，后者毫无疑问涉及对受助者私人生活的侵犯。

因此，在 20 世纪初的英国，如果一个政党希望凭借新近获得选举权的广大工人阶级的选票来上台，是不能打“福利牌”的，事实也说明自由党和工党都没有这样做。所以，自由党政府在 20 世纪初的社会福利立法只能被看作是立法的例外情形，不能被看作反映该党政治策略的主流。认为该党积极推广社会福利是为了获取工党的支持和妥协的观点也需要进一步探究，最低工资、劳动保护和罢工权益等方面的立法确乎是能起到拉拢工党的作用，而国家保险立法就不一定了。

结果，同社会民主联盟一样，劳工主义也未成为工党支配性的政治行动策略。伴随着劳工主义逐渐边缘化，费边主义和道德（伦理）社会主义的影响不断增大，促成民主社会主义的发展，使工党后来转变为一个积极倡导和建设国家福利的政党。

（三）费边主义及其逐渐成为工党核心意识形态

在英国，一些进步的知识分子并未被工人运动吸引，而是自行成立了“费边社”，一个在“智库”时代之前的“智库”，“修正”了那些正在欧洲大陆产生影响的社会主义思想（Foote，1986）。“费边社”成立于1884年，“费边”是古罗马一位百战百胜的将军的名字，之所以采用这个名称有两种流行的解释。一种认为费边之所以在军事上百战百胜是因为他总是采用迂回渐进的策略，另一种则来自于一些自由党成员的调侃，他们认为费边之所以在政治上屹立不倒是因为他从不选边站，即从来都保持中立，不加入一方来反对另一方。当然，“费边社”的政治目标和影响要复杂得多。

“费边社”成员构成起初比较复杂，比如有著名文学家萧伯纳等，但随着时间推移，受悉尼·韦伯政治和社会观点影响的圈子逐渐占据主流。悉尼·韦伯本是一个打算去竞选工党议员的失意的基层公务员，后来他受到了实证主义哲学的影响。当时的实证主义哲学认为社会应该由受过良好教育的精英来引导以实现良好秩序与和谐，这种观点对失意的中产阶级知识分子十分具有吸引力。悉尼·韦伯为实证主义哲学加上了他自己的，关于个体要服从共同的善的集体主义政治的重要性的信念。他感到他不是独自在战斗，或是为自己在战斗，而是肩负着神圣使命的代理人的一员。他对于集体主义的强调在“费边社”乃至工党内产生了深刻持久的影响。

费边主义使欧洲大陆传来的社会主义，可以同英国特色的政治结构和行为模式相兼容。他们认为社会主义可以通过议会途径实现，而实现之后可以通过一个政治中立的公务员系统来进行管理。费边主义者认为社会主义是一种集体主义，它的规则需要通过一系列中立的裁判员国家权力、法律和王权等来保证，甚至在需要的时候来强化。早期的费边社会主义者认为国家可以是中性的，它只是暂时被资产阶级控制，是可以通过议会斗争改变的。如果下议院或众议院的阶级构成发生了质的变化，那么国家的性质就发生了变化。费边主义者们相信，如果工党通过选举建立了政府，那么国家问题就可以解决。萧伯纳等人认为当时的欧洲国家是那些上层阶级用来对付大众的工具，而大众掌握的国家则从根本上反对阶级的存在。悉尼·韦伯在一次工党年会上公开说到，为了实现这一目标，必须要首先赢得大选，这就要求必须吸引包括但不限于工人阶级的一个占多数的选民群体的支持[①]。这一声明表明了工党渐进式的政治路线，也暗示了工党在之后的生命历程中始终伴随的内部思想冲突，右翼一般都认同韦伯的广泛群众基础路线，而左翼则并不一定愿意去向工人阶级之外的利益诉求妥协。

概括地说，费边社会主义是民主社会主义的一种，它认为国家在本质上并不是由某个阶级所创造，而是一个中性的管理机构，所以它不需要被打碎就可以被改造成社会革新的工具。通过选举胜利进入国家机关里的专家们，保障国家成为社会主义的理想守护者。费边社会主义对工党20世纪40年代至50年代的政策产生了深刻的影响。韦伯夫妇认为，工会组织对于建立一个秩序良好和充满人道的社会发挥着关键作用，它通过对雇佣状况的规制来减少工业竞争可能引致的一系列负面效应。“费边社”致力于创设一种工会运动和资本主义或社会主义的政府相兼容的体制，他们从组织层面避免了社会民主联盟对工会运动的轻蔑。

---

① Iain Dale, ed., *Labour Party General Election Manifestos*, 1900–1997, London and New York: Routledge, 2000, p. 26.

“费边社”对工会运动持尊重态度的原因还在于，在19世纪末20世纪初，“费边社”还不确定应该全力支持工党还是把他们的思想向所有主要政党进行渗透。在参加工党后，“费边社”赋予了工党一套和劳工运动结构兼容且互补的理论体系，从而使得通往集体主义社会和经济政策目标的渐进主义路线一直保留在工党的传统中。

主张渐进改良的“费边社”及费边主义在英国大受欢迎，同欧洲大陆的情形大异其趣，这很大程度上是因为英国的保守主义政治文化传统及保守派和保守党的力量强大。同时，也是由于维多利亚时代英帝国国力强盛，社会矛盾不如欧洲大陆国家显性化。“费边社”主要由知识分子构成，其思想体系也偏向学术性质，这些难以使新成立的工党迅速成为一个获得广大民众好感的政党，后面的这一任务，需要道德（伦理）社会主义来完成。

（四）伦理社会主义的位置和重要性

如果说费边社会主义是工党的大脑，伦理社会主义则是工党的心脏。前者为工党提供了清晰和务实的奋斗目标和行动策略，而后者通过强调把工人阶级和底层人民，从所处的骇人听闻的苦难和被剥夺状态中拯救出来的计划，使党员和选民们从情感上对工党的奋斗目标和行动策略产生认同。

伦理社会主义的思想植根于维多利亚时代兴起的基督教社会主义，该思想流派对资本主义有着深深的厌恶，认为其对金钱的崇拜和对私有财产制度的过度倚重扭曲了人性中的美。很多基督教社会主义者带有天然的对国家力量的反感，这一点有着历史原因。因为在16世纪，亨利八世为了与罗马教廷对抗，创立了英国国教，使其处于正统地位，并且在相当一段时间对非国教徒（Non-conformist）采取歧视、边缘化甚至在政治领域进行迫害的政策，而基督教社会主义者很多都是非国教徒。

伦理社会主义运动的中心最初是成立于 1893 年，不久后加入工党的独立工党（Independent Labour Party）。不过它与费边社会主义不同，其组织依托比较分散，很多人都是出于对基督教济世的信念或者对大众苦难生活的义愤而成为该运动的支持者。该运动填补了费边社会主义和大众间的情感鸿沟。他们创立“美好社会”的承诺长期以来是广大民众支持工党的热情和力量之源。

伦理社会主义内部有着很大的分歧，并不一定都反对资本主义和私有制。比如，很多从基督教教义出发的伦理社会主义者就反对工党和“费边社”的财产公有制目标，他们认为财产私有制本身不是万恶之源，资本主义的不合理发展导致的把财富追逐扭曲为最高目标才是根本原因，缺乏社会责任感和无止境剥削导致的令人发指的贫富分化，才是需要变革的对象。

第二节　福利国家萌芽时期工党社会福利政策特点

福利国家萌芽时期，英国工党还不成熟①，未能获得独立上台执政的机会。可以从其竞选宣言中分析其政策，还可以通过其与自由党结盟时对后者的政策压力和最终的政策输出间接考察其主张。此阶段工党的社会福利政策，体现出明显的多种社会福利思想混合的特点，特别是劳工主义和新自由主义的色彩较重。

一　劳工代表委员会社会福利政策诉求的特点

工党的前身“劳动代表委员会”参加了 1900 年和 1906 年的大

---

① 20 世纪初，英国工人阶级的比重在西欧国家中是最高的，然而在第一次世界大战前议会选举选票最高的一次（1910 年大选）得票率仅为 7%，而法国、德国、瑞典的工人党在同期的得票率则分别为 16.8%、34.8%和 36.4%。参见［英］唐纳德·萨松《欧洲社会主义百年史》，姜辉等译，社会科学文献出版社 2008 年版。

选，在竞选宣言中呼吁国家为老年人提供足够的生活费用、提供公共住房、为失业人员提供有用的工作、为儿童提供足够的生活费用、为小店主和小商贩减税、由人民决定战争与和平、设立累进所得税、议员工资由财政支付①等与社会福利相关的诉求。使用的语言也带有明显的阶级倾向性，如“增加的土地价值本应用来减轻纳税人负担，却落到了那些不劳而获的土地所有者手中”“贫民窟依旧存在且拥挤不堪，同时却有大量土地被荒废”“战争使富人更富，而饿肚子的小学生无人关心”“因为华工能使矿主们致富，其问题一直被遮掩”②。工党在上述两次大选中的竞选宣言，明确和强调了劳工代表委员会代表的阶层群体，充满对底层民众的号召力，体现出劳工主义在此时对劳工代表委员会明显的影响，有着较明确的阶级属性和诉求。但同时由于其内部思想还未统一，还没有执政经验，这些宣言仅仅停留在简单的口号上，并没有如何付诸政策实施的阐述。不过作为一个新成立的政党，这些宣言对于吸引相关阶层民众的注意已经足够。保守党和自由党当年的竞选宣言则花大篇幅纠缠于第二次布尔战争的问题，因为一方面殖民战争和他们所代表的资产阶级利益息息相关，另一方面战争进展不顺，耗资巨大，伤亡惨重，已经引发了严重的不满情绪。同时也可看出，在当时，社会福利问题在国家政治议程中还不是一个受到所有阶层普遍重视的问题。

劳动代表委员会当时在议会中只有两名议员，根本无法将其竞选宣言付诸实施。然而，从政治学角度说，此时的工党和后来丧失两大

---

① 彼时议员没有薪酬，参加议会活动要耽误工作。在当时，这对于主要出身资产阶级的保守党和自由党的议员来说不存在问题，而对于主要出身工人阶级和平民的工党议员则造成了极大的困难。

② 参见崔士鑫《历史的风向标：英国政党竞选宣言研究（1900—2005）》，北京大学出版社 2013 年版，第 64—71 页。

党地位的自由党实际上同属于“影响型政党”[1]。正如20世纪中期被工党取代的自由党在之后扮演的角色一样，虽然自身无力参与政策议程，但由于两大党都企图拉拢第三党以壮大实力，也由于其没有执政后履行诺言的负担，因而能够提出理想化的政策倡议从而对选民产生认知影响，依然可以间接地影响政策。劳工代表委员会1900年和1906年简陋而不切实际的竞选宣言上的半数以上口号，间接成为了其后几届自由党政府的实际政策方案，而除了“废除常备军，建立公民武装”和“由人民决定战争与和平”至本研究进行的时代仍然未能实现外，其余口号都在20世纪50年代之前，由工党自身或其他政党执政的政府实施。这也在一定程度上说明20世纪初英国工人阶级的政治诉求随着历史的发展逐步成为了英国全民性的政治诉求，或者可以认为，英国工人阶级虽然从未能真正掌握政权，但其利益诉求却逐渐征服了掌握政治权力的群体。

二　在工党支持下的自由党政府的社会福利政策的主要特点

由于工党的发展和支持率的上升，一些选区的工党候选人分走了一部分自由党的选票，造成本来不占优势的保守党候选人当选。这促成了自由党向工党伸出橄榄枝，其领袖在1903年达成了两党合作的秘密协议，自由党让出少部分选区给工党，而工党则保证在更多的选区支持自由党候选人，并且支持上台的自由党政府的政策，史称“双L联盟”（Liberal-Labour）。

工党在1906年大选中的一些提案就体现出对自身劳工主义诉求和自由党自由主义诉求的结合，比如“失业者要求工作，政府给了他们一个毫无价值的立法”“当你开始明白你贫困的原因时，关税保护

---

① T. F. Lindsay and Michael Harrington, *The Conservative Party*: *1918-1970*, New York: St. Martin' Press, 1974, p. 3.

制度把不相关的说法摆到你的面前”“关税保护制度正如实际所显示的，不是治疗贫困与失业的良药，它是用来妨碍你交涉土地、住房、老年和其他社会问题”[①]。1905 年，迫于济贫制度遭到越来越广泛的抨击，贝尔福领导的保守党政府组织了济贫法皇家调查委员会。1909 年委员会在调查完毕后，对于如何应对济贫制度产生了无法弥合的内部分歧，从而提交了两个报告（“多数派报告”与“少数派报告”），产生了关于英国社会福利发展的两种意见。此时已是与工党达成秘密协议的自由党政府执政，该政府同时接受了两个报告，但并没有按照任何一个的方案进行改革。一方面因为推行报告中的政策需要复杂的税收制度改革作为前提，另一方面因为自由党忙于他们认为的优先级更高的事情。

皇家委员会的报告虽然被搁置，但自由党政府在执政期间还是进行了一系列的社会改革，如为接受学校教育的贫困儿童提供免费午餐和体检、提供育婴服务、建立职业介绍所、通过 1908 年养老金法和 1911 年国民保险法等。可以看出，前几项举措重点针对儿童的健康、教育及失业问题，符合密尔对不适用于自由竞争领域的讨论，以及后来霍布豪斯等人在积极自由和机会平等思想原则下对教育和劳动机会的强调。国民保险制度的建立则更多是与德国竞争的需要和向德国学习的结果，当时英国最大的竞争对手德国从 19 世纪 80 年代起就已经建立了一套内容丰富的国民保险体系以应对医疗、失业、养老等在工业化进程中愈发显著的社会问题，这对于缓和社会矛盾和促进社会团结起到了显著的作用，德国国力大大增强，对英国世界霸权的地位构成了重大的威胁。

1908 年养老金法案所规定的养老金制度严格意义上还不是一种

---

① Iain Dale, ed., *Labour Party General Election Manifestos*, 1900-1997, London and New York: Routledge, 2000, p. 12.

社会保险，因为其无须缴费，面向70岁以上的老人，需要经过收入及人品（Character）调查。1911年国民保险法案包括疾病保险和失业保险，前者采用由国家、大型商业保险公司和友谊社等多部门合作的运行机制。虽然英国的1911年社会保险制度大大参考了德国的制度，但仍有一些显著区别。英国统一待遇且所有项目都设置基金，德国待遇按阶层、行业与收入等分级且健康保险没有设置基金。是否按阶层或行业划分的原则或多或少延续到后来，且成为艾斯平-安德森的自由主义、社会民主主义福利体制与法团主义福利体制的最显著区别。英国与德国社会保险的最大区别体现在，后者一开始就是强制性的，而前者拖了很久才变为强制性。这体现了英国自由主义传统的强大影响，而新自由主义者控制的自由党政府推出强制性社会保险制度这一事实，既是国家与市民社会关系重构的反映，也体现了新自由主义思想个人主义自助传统与集体主义[①]互助传统折中妥协的特征。

三　确立党纲后工党的社会福利政策诉求的特点

1914—1918年第一次世界大战时期，为了团结一致对付德意志第二帝国、奥匈帝国、奥斯曼帝国和保加利亚王国组成的敌对阵营，英国各政党组成了联合政府，社会福利制度建设等问题暂时被边缘化，工党也暂时停止了各种发动群众和资本家斗争的运动。1918年大选时，工党正处在内部意识形态和组织结构历史性转型期。一战前的竞选宣言只关注工人阶级和底层人民的一些社会改革诉求，而经过多年的发展和一战参加战时联合政府的锻炼和洗礼，有更加明确的党纲和独立执政目标之后，工党的竞选宣言开始涉及更广泛的议题，且更加

---

① 本研究中的“集体主义”“集体主义政策”或“集体行动”在社会福利领域的含义，指一种更高层级和更广范围的统筹，以及相对较强的扩大再分配范围和加深再分配程度的倾向。

系统化。

经过多年的发展、斗争和探索，工党内部的费边主义者在意识形态领域战胜了劳工主义者，于1918年通过了一部正式的党章，明确了以民主社会主义为其指导思想，以公有制为目标。党章中提出“工业国有化”，在1918年竞选宣言“工人的土地”议题中，明确宣称土地国有化政策，党章中提出“国民最低生活标准”的概念和目标，提出要建设“100万套好房子”，要制定公共健康法案和发展免费的公共教育，提出“对资本征税”，“对高收入者征收重税来补贴社会公益事业”。① 此时，工党对于社会福利政策的具体措施已经有了较为明确的构想，超越了之前主要呼吁结果的阶段，虽然其仍未能获得执政机会来自主推行其社会福利政策。

在新党章通过后四个月，工党又通过了悉尼·韦伯夫妇起草的政策声明《工党与新社会秩序》。该报告与社会福利相关的内容主要有以下两方面。第一，提出了“国民最低标准”的概念，提出最低工资、最低劳动条件和一周工作时间最长为48小时等标准，并认为促进充分就业的政策应该以遵守上述标准为前提。第二，国家要进行“财政革命”，应对高收入者征收重税以发展社会福利，征收直接资本税以偿还战争债务，且国家财富盈余应更多地用于增加公民享受教育和文化生活的机会。② 这一声明的基本原则内容奠定了工党之后三十多年的政策基础。

第三节 福利国家萌芽时期福利思想影响政策的场域

本阶段工党的社会福利政策从劳工主义特点为主逐步转化为社会

① Iain Dale, ed., *Labour Party General Election Manifestos*, 1900-1997, London and New York: Routledge, 2000, pp. 16-17.

② ［英］亨利·佩林：《英国工党简史》，江南造船厂业余学校英语翻译小组译，上海人民出版社1977年版，第48页。

民主主义色彩，并强烈受到新自由主义的影响，这种影响状况的场域主要有如下几方面内容。

一　济贫制度难以为继

经济基础方面的基本情况，是济贫制度难以为继和建立国家保险制度的客观需求。1903年，布斯在对伦敦东部地区贫困问题进行了长达十几年调查的基础上，发表了著名的“布斯报告”——《伦敦的生活和劳动》，认为伦敦东区有近三分之一的人生活在极端贫困状态，而且由于他们难以找到工作，也无力改变现状。这种贫困很大程度上是资本主义市场经济恶性竞争逻辑泛化和深化的结果，而且即使在工业不发达的农村地区，也同样被资本主义市场经济恶性竞争逻辑污染，旧的社会自助结构被破坏，贫困问题普遍。这意味着第二次工业革命和资本主义经济飞速发展的成果并未改善贫困者的生活状况，且资本主义逻辑本身及其所导致的贫困还摧毁了原先的社会团结纽带，造成了社会风气的败坏。

济贫制度从多个角度看都越来越难以为继：首先，该制度能够覆盖的贫困人口比例越来越小。济贫院人口统计的官方报告指出，1906年英国有3%—5%为贫困人口①，而布斯、鲍利、朗特里、H. H. 曼等学者和社会活动家对英国不同地区的深度调查结果均显示英国的贫困人口远远高于官方统计数字，少则6%，多则将近40%。即便是不同主体对贫困标准的认定不同，但当时有非常多的非官方调查强调英国贫困问题的严重性，这说明济贫院的救济能力已经远远跟不上社会舆论认为的需要程度。人口结构、就业方式及其他社会条件的变化催生出建立社会保险制度的需求。英国65岁老年人口的比例，在1871年是7.4%，到了1911年增加到8.1%。第二次工业革命导致的生产

① M. MacKinnon, “Poor Law Policy, Unemployment and Pauperism”, *Exploration in Economic History*, Vol. 23, No. 3, 1986.

方式变革，不仅是小手工业者普遍面临失业和贫困，老年工人也面临同样境遇。布斯、巴特和利特奇等人的调查和估计分别认为，英国老年人口有 20%—40%处于贫困状态，而且年龄段越大，贫困率越高。[①]

其次，院外救济人数暴增。英国此时的济贫制度主要仍按照 1834 年“新济贫法”实施，院内救济主要针对失去劳动能力者，院外救济主要针对有工作能力却由于不可抗原因陷入贫困者。政府由于受自由主义对贫困问题看法的影响，也为节省开支，鼓励院内救济，限制院外救济。院内救济的人数不断增长，1870 年将近 16 万人，1912 年达到了 28 万人的历史最高峰。[②] 尽管政府采用各种手段限制院外救济的人数，但到了 20 世纪初，随着失业问题愈发严重并引起有识之士的普遍关注，新自由主义强调贫困并非全然是贫困者自己过错的观点被普遍接受，工会运动和新成立的劳工代表委员会发展壮大、开展斗争。保守党政府面对上述挑战、自由党的竞争及在布尔战争后稳定社会的需要，院外救济的人数和比例迅速增长，其占总人口的比例从 1903 年的 19. 2‰飙升到 1905 年的 35. 5‰。[③] 随着济贫人数的飙升和在社会压力下对济贫院生活条件的改善及管理方式的改进，济贫支出也大量增长。很多济贫院艰难运转，而政府提高济贫税率的做法也引起纳税人不满。19 世纪 90 年代，济贫院还出现了工人阶级出身的济贫监督官，他们加速了济贫院改革的进程，而其中的一些人则主张从根本上废除济贫院制度。

19 世纪末，新自由主义者、集体主义者和各派社会主义者对贫困者恶劣的生存状况和济贫法的问题愈发关注，改革的呼声越来越高。1905 年，贝尔福领导的保守党政府为了不让激进主义者和社会主义者

---

① D. Collins, “The Introduction of Old Age Pensions in Great Britain”, *The Historical Journal*, Vol. 8, No. 2, 1965.

② 丁建定：《英国济贫法制度史》，人民出版社 2014 年版，第 235 页。

③ P. Thane, ed., *The Origins of British Social Policy*, London: Croom Helm Ltd., 1981, p. 67.

的“阴谋和诡计”使他们得到“他们不配得到的声誉”[①]，决定成立一个皇家委员会来调查和评估济贫法改革的问题。经过了五年的调查和斗争，皇家委员会内部无法达成一致意见，于是出了两份报告，由海伦·博桑奎特（Helen Bosanquet）等14人签名的“多数派报告”和由韦伯夫人、兰斯伯利和韦克菲尔德提出的“少数派报告”。两个报告都认为当时的济贫制度缓解贫困的作用十分有限，虽然财力、人力和物力的投入不断增加，但能够得到救济的人数只占贫困人口的一部分，救济的作用杯水车薪，反而还导致人格败坏，贫困人数一直有增无减。具体问题主要有，第一，所有济贫院虽然名义上都要服从地方政府事务部的统一管理，然而不同济贫院的济贫制度却由于济贫监督官、济贫院长、地方济贫管理机构和地区特点等因素而截然不同。第二，济贫院和地方政府在社会福利领域的职责分工不明确，导致投入的巨大浪费。第三，一些济贫机构仍然采用“混合济贫”模式，使不同贫困人口（特别是儿童）不加区分住在一起，道德败坏问题更加严重。两个报告都认为必须要从贫困的根源着手缓解贫困，建立劳动介绍所制度以减少失业，增加教育投入和提高儿童离校年龄，任何免费服务和福利必须在家计调查的基础上提供。“多数派报告”认为，济贫法的整体架构可以保留，不过最好废除济贫监督局，将其权力移交给各郡议会，也就是说彻底交给地方政府管理。“少数派报告”则认为，济贫法应该被彻底废除，其复杂多样的功能应该分别成立不同的机构来应对。由于济贫法改革涉及到中央政府、地方政府和其他力量的重大利益的重新分配，无论哪个报告都引起了不同群体激烈的反对声浪。加之济贫院在20世纪初的改革缓和了人们对其的抨击，所以保守党政府和继任的自由党政府暂时都没有对其进行本质性的改革，而济贫制度又显然已无法有效应对愈发多样化和复杂化的社会福

① J. Brown，“The Appointment of 1905 Poor Law Commission”，*Bulletin of the Institute of Historical Research*，Vol. 42，No. 106，1969.

利问题，所以社会保险制度开始建立起来。

二　工人运动风起云涌和选举权扩大

英国虽然很早就开始了工业化，产业革命更是领先世界，但一直没有形成一个组织性强、成员存在认同感的劳工阶级，而是以类似“各中产阶级”“各劳动阶级”的形式存在和被称呼。19世纪中期以来，随着工厂劳动方式的普及，工人自己的组织工会纷纷建立并发展，加之马克思主义、工会主义和其他广义的社会主义思潮的影响，“工人阶级”或“劳工”的概念渐渐确定并流行起来。这一转变的经济社会基础主要在于劳动生产方式的转变。随着产业革命的开展，个体劳动逐步被工厂劳动所取代，工人与雇主间紧密的个人联系逐渐消失。越来越多的工人共同劳动，客观上提供了有组织的工人运动的社会基础。另一方面，流水线作业与之前的手工工匠劳动相比，加剧了工人劳动的异化，夜以继日的工作、工人与雇主社会联系的疏远、恶劣的劳动环境和冷酷的管理制度、频繁发生的工伤事故和微薄的收入使工人失去了对劳动价值的自我认同，主观上具备了接受各种劳工主义、社会主义理念并组织起来同资本主义斗争的意愿。同时，工人“忙时忙死，闲时闲死”。1892年，伦敦码头联合委员会统计该委员会雇佣的7000名码头工人中，只有1015人常年工作，将近3500人只有一半时间在就业。[①] 而大工业发展也造成了传统行业劳动力大量变为季节工甚至失业，比如裁缝。当时的英国工人阶级收入微薄，在城市工作的工人阶级往往缺乏储蓄的习惯，由于他们有收入且能劳动，所以不是济贫院救助的对象，而且济贫院也无力救助如此庞大的群体。但他们在不务工的时期又很容易陷入衣食无着的境地。这些都客观上为工人运动常态化和成立有组织、开展常态化活动的政党提供了条件，也

① B. W. Clapp, ed., *Documents in English Economic History: England Since 1760*, London: G. Bell and Sons Ltd., 1976, pp. 344-345.

是劳工主义显著发展和产生重大影响的条件，增加了建立失业保险的客观需求和主观意愿。

工人运动在工党成立之前是有着明显的阶层划分的。熟练工人工会不但有能力组织有效的罢工，还能收到足够的会费来成立友谊社等组织为工人提供各种帮助，如失业补贴、疾病补贴和罢工补贴。非熟练工人工会不但组织罢工的能力十分有限[①]，而且由于组织成员收入有限，也难以筹集到足够的福利资金。面对19世纪70年代和80年代工人运动不断高涨的形势，资本家们愈发采用更加复杂和隐蔽的手段对付前者。同时，非熟练工人工会和行业工会的不断发展和分化也增加了工人运动利益诉求的复杂性。这时期工人运动的思想理念无论与古典自由主义还是新自由主义都没有交集，他们往往把直接的罢工等激进活动作为唯一的斗争方式。第一次世界大战时，情况发生了变化，工人运动的领导人大多为帝国主义政府的爱国主义话术收买而支持战争，工会联盟都签署了在战争期间不进行罢工和要求提升工资等活动。当时英国工人和工会认为，与敌对国德国的工会和工人相比，他们和本国政府有着更多的短期利益交集，这是其支持帝国主义战争的根本原因。

工人阶级力量不断壮大和工人运动的蓬勃开展，使英国上层阶级和保守势力意识到，必须适当赋予前者参政议政的权力以缓和社会矛盾。而在19世纪中期属于激进和改革派的代表新兴资产阶级和小资产阶级的自由党，也认为可以利用工人阶级的选票来战胜对手保守党。于是，1867年和1884年的两次议会改革之后，选民比例上升到成年人口的25%，部分工人阶级获得了选举权。[②]

彼时英国工人阶级对社会主义的热情并不高，中产阶级反而是社

---

① 因为后备劳动力始终充足。

② Rallings, C. and Thrasher, M., eds., *British Electoral Facts: 1832-1999*, Aldershot England, Burlington USA, Singapore and Sydney: Ashgate, 2000, p. 98.

会主义最热情的倡导者。劳工力量本来试图渗透进自由党来进入议会，因为当时自由党是相对进步，支持社会改革，且思想观念多元化的政治势力的联盟。然而这一设想却被抛弃，原因主要有，第一，自由党年迈的领袖格莱斯顿思想僵化，精力放在事关大英帝国颜面的爱尔兰问题上，没有兴趣关注劳工运动者们最关心的社会问题。第二，议会制度的“富人俱乐部”特征。当时英国议员没有工资，这就决定了必须有足够家底或收入来源的人才有可能从事议员工作。自由党的组织机构僵化而领导人又无改革的魄力，导致其不愿意推荐工人阶级议员，因为需要额外为后者筹措经费。第三，自由党虽然是各种政治力量的联盟，但绝大多数成员都是商业资产阶级、新教教士或其他有产阶级出身，工人阶级的诉求归根结底是和他们不同的，最终会损害到自由党大多数成员的利益。

工党建立初期，其成员以严格意义上的工人阶级为主，而当时的英国，工人阶级和其他下层民众也占到总人口的一半以上。随着选举权的扩大，更多的平民拥有了投票权，这是工党能够有更多议员进入议会的阶级基础，也是迫使自由党与其合作的根本原因。标准的无产阶级数量大和选票增多虽然有助于工党推行劳工主义甚至社会主义政策，但彼时英国的政治结构依然十分保守，保守势力组成的上议院仍然掌握较大政治权力，无产阶级和工党对上议院的活动几乎无法进行任何直接参与。上院对塔夫·维尔案的判决①使工会运动遭遇重大挫折，产生了两方面相互矛盾的影响。一方面，它使很多劳工主义者改变思想，认识到议会斗争的重要性和必要性，更多的工会团体加入劳工代表委员会。另一方面，它使工党和工会运动中的激进人士对议会和资本主义国家政权愈发失望，反而倾向于开展更加激烈的议会外斗

① 1901 年，铁路职工联合会在塔夫·维尔铁路进行了一次罢工。铁路公司在雇主委员会支持下起诉铁路工人联合会，要求其赔偿由于劝阻工人上班的纠察行动所造成的损失，结果铁路公司胜诉，铁路工人联合会需要用工会基金进行巨额赔偿。

争来争取无产阶级的权益，工党内的这部分力量后来被逐渐边缘化或者脱离了工党，工党外的这部分力量与工党的联系也越来越弱。

上院（贵族院）的否决权被剥夺也是自由党和工党联盟的社会福利政策得以通过并实施的重要原因。以往，上院一直掌握在保守党的手中，可以否决下院的议案。保守主义势力认为这是在民主制度不断发展而势不可挡的时代下，崇高的、有教养的、负责任的绅士们防止愚昧、粗鲁和过激的群众把国家引向灾难的良好控制阀。而在 1910 年，自由党终于联合工党和爱尔兰议会党，通过了新的《议会法》，废止了上院的否决权，上院从此只具有使下院通过的法案延迟两年施行的权限。此举提高了下院的地位，大大打击了英国保守势力的力量，使广大市民和工人阶级拥有了更大的表达自身利益的可能。

三　工会主导及其所遇挑战——工党组织结构特点及其变化

工党建立之初，组织构成复杂，包括各种熟练工人工会和非熟练工人工会、独立工党、社会民主联盟及“费边社”等，各种力量的价值取向和利益诉求差异很大。工会是工党活动基金的主要来源（初期占 90%以上），而且工党实行以工会集体加入工党和工会集体投票决策的制度，这是初期工党劳工主义影响很大和工会领导人对党的决策话语权很大的根本原因。劳工主义者和社会主义者经常将对方视作不遵守党的纪律和破坏党的团结的反叛分子，而劳工主义者和社会主义者圈子内部又分别山头林立，导致其政策出台困难，行动无效率，缺乏统一的思想体系的指导。当时，工会及其联合理事会的力量独立性较强、影响力很大，而且不同工会组织的诉求也有所不同，经常自顾自行动，违背党的集体决议，组织纪律性较差。总体而言，各种劳工主义往往局限于争取其所代表的群体的眼前和短期利益，主张通过工会运动来改善工人阶级的生存状态，缺乏对社会发展规律更本质的认识，对更全面和更彻底的社会改革和革命缺乏兴趣，对社会主义思想采取实用主义的立场进行吸收，对议会斗争和工党议会党团的态度亦然。劳工主义在工党内部占主导决定了工党缺乏长远和系统的奋斗目标，在自由党积极推进社会保险立法等社会改革之后，工党一时间不能再提出有辨识度的战斗口号，丧失了行动方向，进而开始丧失独立性，似乎有重新退化为自由党左翼的危险。劳工主义的狭隘性从其对外交政策的态度就可见一斑。一般来说工会力量和保守党势力相比明显反对战争和扩充军备，而且对日常的外交事务漠不关心，放手让社会主义者们去处理。然而，某次议会讨论增加海军预算时，造船工会的议员却有异常的参与热情，并且违背党的决议去投票支持该预案。还有一位武器工厂集中的选区出身的议员威尔·索恩鼓吹为了实现社会主义革命，应该建立让每位工人都接受操作武器训练的“公民军”制度。

倒逼工党开始摆脱对劳工主义和工党对工会依赖的则是一次重大打击——1909 年奥斯本案判决。① 该判决将工会募集会员基金以支付议员薪酬判定为非法，这导致工党议会党团的财政困难，不得不更加依附于自由党。这次打击虽然造成了工党的短期严重困难和沉沦，以至于在第一次世界大战爆发后几乎销声匿迹，成为自由党的附庸。但也迫使工党另谋出路，开始摆脱劳工主义和工会运动的

① 1909 年选举期间，铁路职工联合会会员奥斯本状告工党，反对其强行征收会费用于议员工资，法院以 1876 年“工会法”中规定工会的合法活动不包括政治活动为由支持其诉状。由于当时英国议会还未采用议员付薪制度，而工党议员大多出身工人阶级和平民，所以此事对工党打击甚大。此事还间接影响到英国社会保险制度的建立。工党内的社会主义者一开始大多是反对国家保险计划的，因为其与社会主义理念不符，他们更支持直接的再分配福利制度，然而此时工党需要自由党政府推出议员付薪制度和帮助推翻奥斯本案的判决以解决工党及其议员的活动经费问题，从而以支持自由党的国家保险计划为交易。1911 年，英国议会通过了议员支薪制度，工党议员的财务状况缓解，但议会党团的纪律却更加松弛，议员违背党的决议投票的事情时有发生。1913 年新的工会法通过，工党可以通过工会募集基金，然而必须把一般基金和政治基金分开，工会会员有申请不缴纳政治基金的自由，然而实际情况是工会会员往往不敢申请不缴纳，所以工党的财务状况得到缓解。

决定性影响。导致工党的阶级成分变化，进而影响到意识形态。1918 年工党进行了党员吸收制度改革，党纲认可了个人直接加入工党的形式。从此加入工党便不需要一定首先是工会或其他党内组织的成员，很多非工人阶级开始加入工党，另外也削弱了几个大型工会对工党政策的影响力。

第一次世界大战期间工党领导人参政的历练对于其确立社会民主主义政策的方向也很重要。战争期间，由于需要团结国内力量一致对外，英国各政党暂时停止斗争建立联合政府。虽然工党的一部分领导成员坚持国际无产者联合起来同资产阶级和帝国主义斗争的立场，反对同德奥的无产阶级开战，但工党决策层的多数还是选择优先支持本国政府的帝国主义战争，其部分成员加入了劳合·乔治领导的战时内阁，得以直接参与政事，其能力得到极大提高，为战后以更加独立和积极的姿态活动奠定了能力基础。同时由于对国家政事的参与，工党变更了之前的领导工人运动抗议组织的视野和立场，开始产生成为执政党以执掌整个国家政策的意愿和志趣。

工党早期领导人很多是工人阶级和工会运动领袖出身，赞同劳工主义。但在劳工代表委员会成立后，随着越来越多地参与议会和政党斗争，其思想开始向社会民主主义方向发展。同时，“费边社”成员对工党的渗透和控制的加强，也是工党领导层的意识形态逐渐转变的重要因素。工党早期内部组织结构不稳定，领导人更换频繁，各派领导人之间缺乏协调，而且很多领导人不服从党的领导机构的集体决议，所以难以形成稳定和强有力的政策主张及推行前者的力量。1917 年，时任工党主席的韩德逊由于坚持要参加国际社会主义者代表大会而被内阁会议拒之门外，被迫退出内阁。一方面他认识到工党必须具备不依赖自由党独立斗争的能力，另一方面他虽然退出内阁，但仍然作为工党总书记，反而有了更多的精力致力于党建活动，与社会主义者加强合作，对工党进行了重大改组，并制订了一系列比以往成熟许多的内政外交政策方案，美国驻英大使佩奇都已觉察到“工党正在争夺最高权力”（崔士鑫，2013，p. 83）。在新的形势下，韩德逊宣称自己成为彻底的社会主义者，维护了工党的团结，增强了战斗力，社会民主主义被正式确立为工党的指导思想，进而逐步成为工党各方面社会政策的指导思想。

当时的社会主义者们普遍反对国家保险，韦伯夫妇、斯诺登和他们的亲密战友兰斯伯雷都认为应该采用无偿捐助原则，建立国家统筹的社会服务机构，保险原则是与社会主义目标背道而驰的。然而，当时工党的领导人麦克唐纳认同自由党领导人劳合·乔治的国家保险计划，也同意其所说的捐助原则无法解决费用控制问题的说辞。同时，由于工会组织和以友谊社为代表的各种工人互助组织将被纳入社会保险的管理和执行体系，大多数工会组织也赞成社会保险法案。

四　支持自由党的社会保险立法——政党竞争格局的产物

工党刚成立时经验极为有限，保守党与自由党都是老牌强党。一方面造成工党的社会福利思想缺乏系统性和战略规划，另一方面使其必须与社会福利思想交集相对较多一些的自由党结成联盟，由后者根据自身意识形态和实际需要“筛选”实施其社会福利政策诉求。

自由党政府为了维持“双L联盟”，在推行政策时也要在不同程度上考虑工党的诉求。工党与自由党的联盟很大程度上是一种时势所趋的权宜之计，阶级立场的本质不同决定了他们政策诉求的不同，虽然在当时的社会情境下他们找到了更多交集，但在很多政策问题上的观点分歧，在1906年大选前后的议会表决结果中就能看得很清楚。比如面对布尔战争带来的短暂繁荣之后的经济困难，自由党从自由竞争的立场出发有54%的议员支持采取紧缩政策，而工党从改善劳动人民生活境况的立场出发则有84%的议员反对财政紧缩①。依此类推，自由党对于采取措施应对严峻的失业形势并不热衷，因为从自由主义经济学视角看，失业增加不过是正常的经济波动中出现的必然现象，自由市场在其内在规律作用下会自动恢复均衡，失业率会进一步降低。然而，自由党经济学家们眼中的那些“美丽”的图表、公式和数据，放大到工党党员及其选民那里，则是一个个因为失业而陷入困难的工人及其家庭无以为继的具体的生活状态，这一个个鲜活和具体的个人和家庭在这经济波动期所遭遇的威胁、所承受的痛苦和所受到的身体健康、心理和教育机会等各方面的伤害及损失，并不因为市场长期来说会恢复均衡而消失、被否认或可以被轻描淡写。所以，相较于自由党的41%，工党有88%的议员都支持果断采取解决失业问题的措施。类似地，对于住房改造问题，工党有60%的支持率，自由党只有41%（Brown，1985，p. 184）。对于建立国家养老保险制度，工党有81%的议员支持。因为当时人口寿命延长，劳动阶级开始面临丧失劳动能力之后“退休”的问题，而工人阶级普遍收入低下，“老无所养”的情况凸显出来。自由党员大多有一定积蓄，建立国家养老保险意味着要向他们代表的阶级强制征税，而且也不符合其自由主义尽可能维护自由市场、反对国家干预的理念，所以对国家保险法案并不热衷。但由于与工党联盟的政治需要及其所代表的相对较弱和较分散的小资产阶级和知识分子们②对社会动荡的恐惧③，最终有69%的议员支持国家养老保险法案，依然少于工党。只有教育改革法案工党议员的支持率（79%）比自由党议员（86%）的低（Brown，

① K. D. Brown，*The First Labour Party*：1906–1914，London and New York：Routledge，1985，p. 184.

② 相对于代表地主和大资产阶级的保守党而言。

③ 1905年前后经济危机席卷欧洲各国，社会改革缓慢的俄国由于与日本战争失败，加之其他诱因而爆发革命。虽然失败，但让其他国家的有产阶级“心有余悸”。

1985, p. 184），这是因为强制入学和延长入学年龄客观上损害了劳工家庭的收入，而小资产阶级和知识分子本身比其他无论更“高”还是更“低”的阶级，无论从自身利益还是思想观念出发都更加重视教育问题。但我们也应该看到，虽然工党议员对教育改革的支持率相对于自由党低，但绝对数却很高，这意味着此时的工人阶级，至少是工人阶级的代表们，已经明显意识到新自由主义者和费边社会主义者们倡导了几十年的机会平等的观念，认识到了在当时的社会条件下的劳工阶级，除了进行工会运动和参与议会斗争，让子女接受教育也是改变生活境况和社会地位的关键手段。

直到 1910 年，英国仍有超过三分之一的男性和全部的女性没有选举权，是否继续扩大选举权的问题加剧了自由党进一步分裂的压力，而工党的建立和开始产生议员更加剧了这种趋势。不过，当时的自由党政府首相坎贝尔·班纳曼在阿斯奎斯的支持下，通过一套由当时的新自由主义者们发展和鼓吹的激进社会改革政策，暂时将自由党继续团结在一起，并利用当时保守党因税收政策的分裂而重新上台执政。当时工党的力量和影响力有限，为了改善工人阶级的状况而采用了务实的斗争策略，支持自由党社会改革措施。同时，当时工党中劳工主义思想占上风，他们对社会发展规律缺乏更深层的理论观照，对社会问题的认识流于表象，没有认识到保守党政府的各种损害或者无视工人阶级利益的行为，只是因为他们在代表大地主大资产阶级利益在行事，从而对一切国家干预行为都持警惕甚至否定态度的倾向，这正好与自由主义者存在思想上的交集。自由党为了上台执政，也务实地提出了更多改善工人阶级状况的政策，客观上和工党的诉求有了更多的交集。工党和自由党能够形成合作，还有赖于当时对自由党政策具有重大影响力的新自由主义者们的观点和现实状况相比已经足够激进，因此并不反对自由党和工党的合作。随着时间推移，工党的组织结构越来越成熟，政治诉求也越来越具有明确的社会民主主义特征，对于社会变革的期待越来越不局限于自由党的以扩大选举权为主要目标的温和举措，而主张对资本主义制度本身进行改革，以更平等的社会结构和社会福利为目标。第一次世界大战后，随着自由党中的右派劳合·乔治与保守党的同盟建立、工党组织体系的确立和明确把公有制等社会主义意识形态写进党纲及自由党的政策倾向向右转，工党的政策倾向向左转，自由党和工党在核心问题上失去交集，两党的合作便正式宣告破裂。

此外，英国国际地位的变化和国际环境的一些重大事件也影响到工党社会福利政策的思想选择。20 世纪初，布尔战争和其他殖民战争频发，德国利用后发优势和国家主导型发展开始挤压英国的繁荣。经济困难，失业上升是促成工人阶级实现联合、工会力量壮大和工党迅速发展的重要诱因。而其间布尔战争胜利后的短暂繁荣，又促成了工党内部斗争的温和化及其与自由党的秘密联合。1914 年到 1918 年的第一次世界大战和以往的战争不同，由于参战国势均力敌且战略目标不明确，以及现代武器和现代战术的普遍采用，国家必须进行整体动员，整个经济体系的运转必须服从战争需要。战争的恶果便蔓延至经济社会的各个角落，影响到几乎所有民众的生活。生产荒废，经济困难，民众生活陷入困境，以往有限的济贫制度和民众、社团的互助自助制度已经无法填补福利空缺，产生了由国家主办社会福利的巨大而客观的需求。很多劳工主义者也渐渐认识到这一点，于是转而支持发展国家福利。第一次世界大战是帝国主义之间矛盾爆发的非正义战争，工人阶级和下层民众更加看清了保守党和自由党的反动本质，从而更多地支持工党。俄国十月革命的胜利扩大了社会主义思想的影响力，增加了工党内部社会主义者的力量。俄国工人阶级在布尔什维克的领导下成功革命，鼓舞了欧洲其他国家的工人阶级及政党和组织。

各国的左翼力量在一战结束前后纷纷发动革命或推动社会改革，战败的哈布斯堡王朝、霍亨佐伦王朝被推翻，其统治的奥匈帝国和德意志第二帝国解体，其治下各国纷纷成立共和国。这股革命风潮也影响到了英国，工党力量大大壮大，于 1918 年通过了社会民主主义的党章，公开积极主张进行社会改革并得到广大选民支持，这在一战前是不可想象的。美国和德国崛起，“大英帝国”的国际地位下滑使人心求变，给了新鲜的工党以机会。德意志第二帝国在“铁血宰相”俾斯麦鼓吹和推动下建立和发展的国家福利制度，在促进利用后发优势迅速崛起、“收买”工人和工会运动以维护社会稳定、促进社会团结及发动战争中显示出了巨大力量，这也是工党乃至自由党开始积极认同国家福利建设的重要外因。

本章小结

工党建立初期，组织松散，派别林立，古典自由主义、新自由主义和费边社会主义、劳工主义、伦理社会主义等思想流派都曾直接或间接影响到其社会福利诉求。由于工党成立初期在组织和资金上都依赖工会，所以劳工主义的影响相对显著；以知识分子为主体的费边社会主义者的影响主要限于领导层；致力于发现和抨击造成贫困和丑恶的社会原因、提倡互助友爱和机会平等的新自由主义与伦理社会主义的部分理念也影响到工党。

工党成立初期，对于与劳工利益密切相关的社会福利领域较为感兴趣，比如失业救助、劳动安全和儿童健康等。对于与劳工利益关系不大甚至相悖的社会福利政策则持漠然甚至反对态度，如对工会和友谊社利益造成损害的国家保险立法、损害劳工家庭收入的延长儿童教育年限政策等。

根据1834年济贫法执行的济贫制度在财政上走入困境，其对贫困人群造成的伤害也遭到全社会越来越猛烈的抨击，工业化的继续发展和人口的增长造成了社会风险的普遍化，形成了发展国家主办的社会保险制度的客观基础。工人阶级力量不断壮大，工会运动蓬勃开展，使英国政府不得不开始考虑发展社会福利制度以缓和社会矛盾，维护社会团结和政治稳定。选举资格限制的放宽导致的选举权的扩大也是上述发展的结果，进一步增加了工人阶级和工会的政治话语权。

工党成立初期，领导人及主要组织构成都是工人阶级和工会，其社会福利政策诉求表现为集中关注劳工利益的特点。然而，由于其力量弱小，议会斗争经验不足，在党内不得不听取费边社会主义者的意见，在党外不得不与自由党结成联盟，所以其劳工主义的激进诉求往往停留在口号上，在政策实践上不得不支持国家主办的社会保险制度的建立。由于传统两大党之一的自由党在与保守党的斗争中逐渐处于下风，不得不寻求同工党结成联盟，所以其社会福利政策部分照顾了工党的诉求。布尔战争等一系列战争，特别是第一次世界大战，国家动员程度和经济社会破坏程度远超以往，自给自足的分散化的福利供给方式已远远不能满足民众需求，催生了国家主办社会福利的需要。这有助于集体主义和社会主义理念的传播，有助于工党的崛起和自由党的衰落。德国和美国的崛起对英国国际地位的挑战、德国国家保险制度的建立发挥的重要作用及第一次世界大战后欧洲的社会主义风潮都直接或间接助推了上述趋势的发展。

第三章　福利国家建立时期社会福利思想与工党政策

福利国家建立时期始于1918年第一次世界大战结束，止于1951年艾德礼领导的工党政府选举失利下台，包括两次世界大战之间、第二次世界大战及战后工党政府首次独立执政时期。此阶段，工党名义上确立了社会民主主义在意识形态领域的指导地位，经历了经济困难、大危机和第二次世界大战时期的多次联合政府或反对党的执政经验锻炼，终于在第二次世界大战结束前夕的大选中战胜丘吉尔领导的保守党，首次独立上台执政，在短短的一届任期里，领导英国建设成为福利国家。由于一系列特殊的社会历史条件，该阶段是工党的社会福利政策最具有社会民主主义色彩的时期。同时，工党政府在福利政策的操作化领域，也部分接纳了凯恩斯主义和《贝弗里奇报告》等激进自由主义流派的社会福利思想，在社会民主主义意识形态和激进自由主义者的政策工具指导下，较为顺利地推进了战后英国社会福利体制的改革和福利国家的建立。

第一节　福利国家建立时期的重要社会福利思想

一　社会民主主义思想与伦理社会主义思想

第一次世界大战后，工党确立以费边主义为核心的社会民主主义作为其理论指导思想，辅之以伦理社会主义填充其感性和号召民众的层面，劳工主义和其他思想流派逐渐边缘化。工党此阶段采用的社会民主主义思想基本延续着“费边社”和1918年党纲的方向，没有显著的变化，也没有产生颠覆性的思想家。而伦理社会主义流派则产生了对工党社会福利政策产生重大影响的思想家R. H. 托尼（R. H. Tawney）。R. H. 托尼毕业于牛津贝利奥尔学院（Balliol College），深受唯心主义哲学家和新自由主义流派开创者之一格林的学说的影响。在牛津大学，对英国福利国家创立做出巨大直接贡献的“非典型的”新自由主义思想家和政治家贝弗里奇和托尼成为好友，托尼“适度的平等主义”理论是后来工党的修正主义学者型政治家克罗斯兰和社会学家马歇尔的思想基础。托尼对工党社会福利政策的思想贡献主要体现在两大层次，这两大层次是“先破后立”的递进关系。

第一层次，托尼探讨资本主义社会的贫困和社会丑恶的本质，将其主要归因于自由主义价值体系对个人权利的过度强调和对个人对社会的义务的忽视。托尼把资本主义社会中贫困和不平等的根源归结于对个体权利的强调和对个体义务的排斥，这是托尼的思想与自由主义思想流派的根本区别所在。无论古典自由主义还是新自由主义，都鼓励富人合法地聚敛财富，较少讨论个人对社会承担的义务，而且这些思想流派还倾向于论证财富的聚敛与他人的贫困没有什么道义上的联系。托尼认为20世纪的英国就是一个“贪欲社会”，因为这个社会运转机制的核心基础和普遍认可的最大价值就是促进聚敛财富的水平和能力。托尼的思想使伦理社会主义思想具有了新的含义和功能，它通过批判自由主义自私自利的目标和强调个体对社会的义务，创造出平等主义倾向的社会改革的政策实践工具，为工党倾向平等主义的社会福利政策提供了哲理和道义上的支持。托尼的理论体系还吸纳了费边主义的政治经济学，特别是韦伯夫妇处理个体与集体关系的理论方案。托尼将伦理社会主义思想和费边主义思想相结合，认为功能运转合理的社会应该更加强调义务的履行而非权利的维持。他认为资本主义是一种“肆意妄为”的体系，必然会内生出严重的不平等，而这应该受到猛烈的抨击。英国的上层阶级通过剥削劳动者来聚敛财富，从而导致严重的阶级分裂和阶级斗争。他认为上述现象不是自然的或不可避免的，而是自由资本主义带来的野蛮，是荒诞的。

第二层次，在上述批判和归因的基础上，托尼提出改良社会的途径和目标，即让个人更多承担社会义务的平等主义倾向的社会政策。托尼同所有伦理社会主义者一样，认为社会主义仅仅是基督教或准基督教伦理思想的一种表达方式，其核心使命是追求一个更加平等的社会，这种思想在英国始终被非常多的社会改革者信奉。他同后来许多追随他的路径的思想家一样，不只考虑如何实现更大程度的平等，还在寻求为平等主义构建哲学支持。托尼认为工党首先应该致力于消除那些明显露骨的不平等。托尼并没有实现结果平等的想法，而是致力于实现与个体差异和经济增长相协调的尽可能多的平等。在任何社会中，合理程度的收入和财富差距可以存在，教育、健康状况及先天背景差异等造成的不平等应该被接受，但由于特权、传统的世袭等级制度和野蛮剥削的结果所造成的不平等则应该被消除。他认为应该将普遍人性作为平等的基础，这种平等更加强调人人享有自信和尊严。既然所有人在结果上的平等是不现实的，那么检验工党政策是否符合伦理社会主义的标准就应该为：“财产权、工业组织、公共医疗和教育等社会组织应当被按照强调和加强有利于民众团结的普遍人性要素而不是会导致民众分裂的阶级要素来进行政策规划。”（Tawney，1952，p. 38）工党应该发展有利于减少人为造成的不平等的经济和社会政策，特别是在教育、就业和健康政策方面。托尼认为教育和医疗领域的不平等问题尤其亟待解决，恶劣的健康状况和高发病率集中在工人阶级聚居区，现行的教育制度保证了特权和剥夺的代际继承。托尼认为社会改革的当务之急是采取更大程度的集体主义政策来结束或减少教育和医疗领域的不平等，应该考虑推行免费使用医疗服务和建立高质量的国立学校，应该由工党政府建立的福利国家来推行这些措施。托尼的观点在20世纪20年代和30年代的英国得到了广泛响应，围绕工党形成了一个松散的与托尼的改革思路类似的人们组成的倡议联盟，极大地转变了工党对于国家在社会福利领域的角色认知。这种转变当然也源于工会对修改社会保险体系和“医疗社会主义者联盟”计划建立国民健康服务体系的压力。

在此阶段工党虽然将由伦理社会主义思想辅助的社会民主主义思想作为其社会福利政策的主导思想，但也部分吸收了新自由主义流派的社会福利思想。特别是在第二次世界大战之后工党首次独立执政时期，其大量采纳了新自由主义流派的凯恩斯主义和《贝弗里奇报告》的政策主张。

二　凯恩斯的主要思想主张及其对政策的重大影响

（一）凯恩斯思想与社会福利相关的主要论点

凯恩斯及其众多追随者（以“剑桥凯恩斯学派”为代表）的思想和政策主张，对英国工党战后将近三十年的社会福利政策持续产生重要影响。凯恩斯本人的著作较少直接讨论社会福利政策，但其在政治经济学上的理论形成了新的社会政策方向的基础。凯恩斯影响深远的代表作是1936年出版的《就业、利息与货币通论》，该书将一战前的新自由主义者的混合经济思想成熟和系统化。作为自由党的支持者，凯恩斯认为英国面临反动的保守主义和革命的社会主义的双重危机，努力实现自由党的复兴是把国家引入正确的中间道路的唯一方法。他认为充分就业是当时各国政府面对的最核心挑战。虽然凯恩斯极力反对自由放任、强调国家干预的必要性，但他本质上仍属于自由主义流派。因为他认为“资本主义仍然是发展自由的最可靠基础”，虽然资本主义若要幸存和更好发展，需要国家干预就业、工资和推行强制性社会福利，但他还是喜欢“尽可能多的自由主义和尽可能少的集体主义”。他的观点与英国的各种社会主义流派的主张有着本质区别。

凯恩斯批驳了新古典经济学家认为高失业是高工资（减少雇佣）和高利息（抑制投资）的恶果的观点。他认为真正原因在于，市场经济本身缺乏一个能够使投资规模实现充分就业的调节机制，自由市场均衡（出清）时的就业规模总是会低于充分就业，所以为了保证后者，政府必须出面来刺激投资和创造有效需求。凯恩斯本人参与了二战期间及其后英国的经济社会政策的制定并扮演了重要角色。他的思想不但在自由党内有着重大而持久的影响力，最终也征服了保守党和工党。从那之后，但凡试图在自由放任与计划经济及竞争与社会正义之间寻求中间道路的深度学术讨论，都不可能绕开凯恩斯的思想来进行。

（二）凯恩斯思想对政策产生重大影响的原因和条件

凯恩斯的主张在20世纪30年代的经济学界犹如一枚重磅炸弹，其影响扩展到经济学之外的整个社会科学进而到社会政策，对英国工党的社会福利政策也不例外地产生了持久而深刻的影响。对于这种重大影响的原因和条件，可以从如下几方面进行分析。

第一，凯恩斯思想的核心内容回应了其所处时代的重大问题。20世纪20年代和30年代最严峻的问题就是世界性的经济萧条、法西斯主义及其他形式的思想和政体甚嚣尘上，英国也同样面临这些问题。经济萧条自不必说，法西斯主义和某些政体在欧洲大陆的蔓延对英国的国家安全和经济利益开始构成严重威胁这一点也众所周知，往往被忽视的一点是当时在英国也出现了法西斯组织，且吸引到众多参与者。经济萧条的直接后果就是大量失业，在当时人们看来，法西斯主义和某些极端主义盛行的直接原因也是大量失业，而凯恩斯经济社会政策的核心问题就是如何减少失业，其政策观点的核心诉求就是想办法达成充分就业。所以其思想至少从价值层面得到了当时相当多的学者和政界人士的关注，特别是吸引了剑桥的一批同事成为其思想的追随者，成为后来持续影响英国社会政策的“剑桥凯恩斯学派”的基础。

第二，凯恩斯的政策主张具有充分的原创性，同时能够形成学派，是其能够产生巨大而持续影响的基础。凯恩斯的主张前无古人，甚至可以说是惊世骇俗，在同时代的英国没有其他可匹敌的思想家与其进行争论,[①] 即在学术领域没有对手，这是其发挥影响的重要优势。1945 年，剑桥大学的应用经济学院成立，凯恩斯及其追随者们的思想被正式确立为“宏观经济学”这门新的学科的理论基础。不到十年时间，英国 30%的经济学教师都曾在剑桥大学或牛津大学学习，而在这一领域，当时牛津大学的主流观点也基本上和剑桥凯恩斯学派类似。被凯恩斯主义者们垄断的“国民经济社会研究所”（NIESR），则长期垄断了宏观经济数据的统计和统计模型的研究。该研究所出版的季刊也长期是经济管理领域公认的权威刊物，这些都大大强化了凯恩斯思想的持续影响力。剑桥凯恩斯主义者们不只具有共同观点，还建立了互帮互助、资源共享的紧密的社会网络，他们不只向学术界扩散其影响，还向政界扩散，其中很多人都获得了很高的社会声望。比如卡尔多（Kaldor）和巴洛夫（Balogh）获得“爵士”（Sir）头衔，还有几位获得“骑士”（Knight）头衔。

第三，凯恩斯的政策主张与既有的主流学术观点和政治传统相冲突，这是其延迟产生影响的重要原因。国家通过财政手段对投资和就业进行全面和深度的干预，这很难被长期实行自由主义政策的

---

① 伦敦政治经济学院的哈耶克是个例外，但由于其思想系统地发布比凯恩斯晚很多，后者已经开始产生重要影响，而且那个时间点又恰好正值二战期间及战后初期集体主义和社会民主主义盛行，导致当时哈耶克在社会舆论和政治影响领域被凯恩斯完败。

英国政府接受。英国在 20 世纪 20 年代末到 30 年代基本上由保守党单独或工党与保守党的联合政府执政，两党的政治意识形态相去甚远，在政治政策特别是工业关系领域存在根本的对立，而联合政府的成立和执政被普遍认为是两党妥协下的“中间道路”。然而，在社会政策上，联合政府实际上仍然采取的是老旧的新古典主义的经济政策，坚持传统的自由贸易和不干预，在社会政策上，依然是在安全稳定的前提下审慎进行局部的社会改革。可以看出，即使是工党领袖麦克唐纳领导下的联合政府的经济社会政策，也基本上是改革后的保守党政策的延续和微调，与上文论述的凯恩斯主义的“中间道路”不是一个概念，这也是麦克唐纳始终被工党左派认为是“叛徒”的重要原因。

正因为没有随着情况变化采取有效的经济社会政策，英国的经济复苏迟缓且问题重重，这是其在 20 世纪 30 年代欧洲局势日益恶化的情况下采取逃避和绥靖政策的重要原因，加剧了法西斯主义在欧洲和东亚的肆虐与第二次世界大战前半阶段的自食恶果。直到二战开始之前，凯恩斯的主张才开始对英国社会政策产生影响。直到第二次世界大战全面爆发前夕的 1938 年，保守党左翼才在凯恩斯主义指导下制定了社会重建计划，其重要人物即后来担任过首相的麦克米兰，明确承认其财政政策是受凯恩斯的启发而来。其代表性政策呼吁主要包括，为萧条地区进行大规模的拨款，出台一个最低工资和家庭津贴法案，提升自有住房比例，政府进行对能源和运输领域的直接干预及制定一个中央委员会对经济社会政策的执行情况进行监督等。里切尔（Ritschel，1995，p. 63）认为麦克米兰的著作相当于明确地把福利领域的公共投入不再只视作人道主义或慈善之类的事情，而是视作凯恩斯主义指导下的经济管理的关键工具。某种意义上说，他的思路是一种“商业合作主义”，类似他本人所称的为了挽救竞争性市场经济而采取的“计划资本主义”。可以看出，虽然作为保守党的领袖，但麦克米兰的经济社会政策规划已经和新自由主义者们有了非常多的交集。这一阶段，工党也在凯恩斯主义的影响下发生着变化。一战结束前后，工党逐渐明确了自己的经济社会政策纲领，充分就业、国民最低工资和“为公共产品提供剩余”的累进所得税计划。稍后，在悉尼·韦伯的建议和帮助下，“生产工具的公共所有”被写进党章，成为著名的“党章第四条”“公有制条款”，在 1929 年，工党将“分配”和“交换”也加入公有制的范围。

第四，凯恩斯的政策主张能够被政府作为政策工具使用，还需要全面准确的经济社会相关统计数据（比如投资、储蓄、就业、失业等方面的详细情况）的支持，而这个条件在第二次世界大战之前是不具备的。如果说保守的自由主义的意识形态和政治文化是导致凯恩斯的政策主张没有迅速被当时政府采纳的主观原因，不具备操作其思想的统计数据基础则意味着可行性其实也不充分。第二次世界大战期间，理查德·斯通爵士和詹姆斯·米德爵士在“国家经济社会研究所”（NIESR）的帮助下建立了全国收入统计制度，这才使凯恩斯的政策主张具备了可操作化的技术基础。

第五，凯恩斯主义最终能落脚到社会政策，最终需要在政府和政党内部有接受或认同其观点的人。上文提到的帮助建立全国收入统计制度的国家经济社会研究所为财政部提供政策支持，它扮演了剑桥的凯恩斯主义者们和英国财政部之间的中转站的角色，很多剑桥凯恩斯学派的学者都曾经在国家经济社会研究所工作过或长或短的时间。国家经济社会研究所政策研究实力一度很强，在 20 世纪 50 年代，财政部大臣罗伯特·霍尔爵士鉴于财政部本身研究资源不足，便邀请该机构成立了英国第一个经济预测项目。凯恩斯主义者们同之前立足向政党渗透的“费边社”不同，他们主要向财政部和社会经济研究所等官僚机构渗透其影响力。凯恩斯本人是已经淡出政治舞台的自由党的成员，其信徒们也很少有人是保守党或工党的成员，直到 1964 年，才有剑桥学派的人进入工党政府。

三 《贝弗里奇报告》的新自由主义特征及其影响

贝弗里奇本质上是一个新自由主义者，他认为自助、国家干预和志愿服务是个体责任不同的表达方式，他明确宣称他的计划既不是社会主义也不是资本主义，而是不偏不倚地在中间道路上行进。一般认为其政治社会观点主要来自在牛津大学读书时受到的格林的唯心主义哲学及其所衍生的追求“共同的善”的新自由主义理想的教育，受到大危机时期开始形成的“共识政治”气候和牛津大学的同学兼好友 R. H. 托尼的伦理社会主义的影响。

随着第二次世界大战的爆发，英国的多党派联合政府被卷入了社会经济政策的各个层面的管理。贝弗里奇被委派出任社会保险和相关服务部际协调委员会主席，研究制定战后社会改革的议程，委员会的调研成果为《社会保险和相关服务》，就是著名的《贝弗里奇报告》。[①] 该报告在战争期间的 1942 年出台时被广泛认为是一个激进的集体主义的文献。他对普遍主义的支持和紧随报告出台发生的战后工党福利国家的建设，导致他被认为是国家一元制度型福利模式的典型倡导者。然而，这种认识是错误的，因为贝弗里奇设计的社会福利实质上是一个多层次的混合经济的福利体系。国家强制的社会保险只保障基本生活水平，在较高层次的福利需求及在医疗、教育和住房等社会服务领域，他的制度设计给志愿行为和私人部门留下了充分的参与空间。

虽然贝弗里奇始终是自由党人，但从未成为该党或其“智库”的积极活动分子。他同情凯恩斯主义者们的活动，但他认为他们的经济

① 该报告的具体内容学界已有若干文献进行了准确详尽的解析和讨论，本书不再赘述。

理论是令人反感和不可理喻的。[①] 贝弗里奇和凯恩斯主义者们本质上的区别在于，前者只是在设计种种务实的政策以维护现存的价值体系的核心要素，而后者则要对价值体系本身进行革新。凯恩斯的研究领域主要局限在经济理论上，对社会政策鲜有兴趣。不过他对《贝弗里奇报告》的撰写提供了鼓励，对它的出版表示欢迎，对其中符合他的经济理念的政策建议表示认可，而且他在使贝弗里奇的主要计划获得财政部支持的过程中扮演了关键角色。

《贝弗里奇报告》出版后，一套新的社会政策建议被加入政治议程，报告内容的设计是本着兼顾跨党派的整体国民的意志和兴趣，而其基本原则和目标是典型的在资本主义与社会主义之间寻求中间道路的新自由主义性质。然而，在意识形态上最“匹配”的自由党已衰落，不可能赢得大选，没有一个思想观念和“凯恩斯主义+《贝弗里奇报告》”恰好一致的政党来推行这些政策。所以，战后工党艾德礼政府反而找到了这些思想理念和社会民主主义的交集，成为它们的执行者，虽然只是选择性地接受了部分思想理念和执行了部分政策。

四　工党社会福利指导思想的复杂性和党内思想斗争状况

如果仅从工党 1918 年的党章文本分析，其以公有制为目标的社会主义性质显著区别于自由党和保守党的资本主义性质。虽然后来的保守党和自由党都或多或少地主张更多的政府干预、社会服务及社会福利，但他们的根本目的是挽救资本主义和市场经济。工党的很多支持者是从根本上明确反对资本主义制度和市场经济制度。然而，工党内部的意识形态依然成分复杂，名义上基本上认同社会民主主义，但对于什么是“社会民主主义”有着大相径庭的理解，并因之分成了各

---

① Robert M. Page and Richard Silburn, eds., *British Social Welfare in the Twentieth Century*, London: Macmilian Press Ltd., 1999.

种派别。有赞同渐进社会改革、国家所有权、中央计划和管理的以韦伯夫妇为代表的费边社会主义者们；有以工人直接控制工业为核心诉求的以 G. D. H. 柯尔（G. D. H Cole）和玛格莱特·柯尔（Margaret Cole）为代表的劳工主义者；琼·鲁滨逊（Joan Robinson）既受到马克思的影响，也受到凯恩斯的影响，而约翰·希克斯（John Hicks），尼古拉斯·卡尔多（Nicholas Kaldor）和詹姆斯·米德（James Meade）则完全信奉凯恩斯主义；道格拉斯·杰伊（Douglas Jay）和埃文·德宾（Evan Durbin）则对马克思主义和凯恩斯主义的经济学理论都持保留意见。德宾深受凯恩斯主义影响，其思想带有明确的修正主义色彩，他寻求一种赋予自由和福利同等权重考虑的集体主义路径的经济社会政策。他认为除了中央计划，未来社会主义的成功还需要依赖机会平等的促进和市场效率的提高。当时的工党内部，修正主义思想在政策实践领域逐渐占据了主导地位，而曾经是工党主干力量之一的、坚持实施最低工资制度、坚决支持大罢工、坚决倡议全面国有化改造并通过果断行动实现社会主义的独立工党，逐渐被权力中心边缘化，到 1932 年彻底宣布脱离工党。还有以斯坦福德·克里普斯等为代表的左翼社会主义者们长期致力于同独立工党和其他左翼政党成立“人民阵线”。

两次世界大战之间发生在工党内部的争论，遥启了二战后工党的艾德礼政府的政策特点。那期间对关键行业的国有化和中央计划化措施被施行，一个普遍主义的福利国家被创造。同时，在国有化和福利国家的范围、程度和实施方式上也一直存在激烈的争论，使实施效果大打折扣，开启了难以简单定性的社会市场经济或曰混合经济的时代。二战后工党之所以能够“跨意识形态”接受新自由主义者的思想理念和执行其政策倡议，是因为在代议制民主政体下，一个政党执政时和在野时面临的主要问题是不同的。在野时为了执政往往会提出较为理想化及与当前执政的敌对政党政策区分度明显的政策纲领，忽视政策的可行性，但执政后受到种种环境和条件的制约，有可能会无法兑现竞选诺言。二战后工党的艾德礼政府执政期间，就有非常多的政策规划受到各种各样的阻碍而不得不加以调整、放弃或改弦易辙。结果，战后国内社会经济重建和对外经贸秩序重建最终主要为凯恩斯主义所形塑，工党和敌对政党保守党在社会政策领域形成了广泛的“共识政治”现象，一直维持到20世纪70年代中期。在此期间，不同政党社会政策执行层面的区别主要在于推行政策的力度和真诚度，于是产生了政党内部不同派别的争论往往大于政党之间的争论的奇特现象。

第二节　福利国家建立时期工党社会福利政策特点

此阶段工党的社会福利政策体现出社会民主主义和新自由主义中激进派别的混合影响，特别是第二次世界大战之后的工党首次独立执政时期。在社会民主主义意识形态指导和伦理社会主义思想影响下，工党大量采纳凯恩斯主义和《贝弗里奇报告》等新自由主义思想家和思想流派的政策主张，带领英国在短时间内建成福利国家。此阶段古典自由主义等传统右翼思想对社会福利政策的影响相对微弱，主要起到对社会福利制度改革进行拖延和减弱程度的作用，是迄今为止最为沉寂的一个时期。

一　一战结束至二战期间工党社会福利政策特点

工党1922年和1923年的大选宣言中，三分之二以上的议题直接涉及社会福利政策。在“钱从哪里来”的议题下提出整体减轻纳税人负担，同时多向富人征税；在“不要省小钱的经济”的议题下提出给穷人福利；通过增建住房和发展养老金制度以追求“更高标准的生活”；通过举办公共工程、采纳国家生产性工作项目以应对失业；农业减租、农业劳动力最低工资以及土地所得用于公益；建设老人、遗属和儿童福利；设立为一战做出贡献人员的津贴；通过工业及市政国有化建设合作性的服务的国家；等等。剩下的几个议题也直接或间接与广义的社会福利问题相关，如增加成人妇女参政权和推进男女平权、反对关税壁垒及维护国际和平等。①

1923 年，由于保守党领袖鲍德温提出的保护性关税政策不得人心，保守党在大选中虽然获得最多的席位，但未超过半数。同时，自由党的分裂导致其所获选票大减。自由党的席位加上工党的席位就超过了保守党且超过了半数，所以自由党支持席位居第二的工党联合组阁，这也是工党首次上台执政，麦克唐纳任首相。由于没有掌握议会多数，工党执政需要自由党的支持，因而几无可能实行社会民主主义特征显著的政策措施。更重要的是，由于第一次上台执政，工党的领导成员普遍缺乏政府工作和议会斗争经验，所以这一次短暂的十个月的执政经历只能说是一次见习。此次短暂联合执政在社会福利领域的作为较少，不过还是零星实践了社会民主主义的价值理念。在失业保障领域，提升了失业津贴和失业救济的水平，延长发放时间，放宽资格限制，废除了之前的保守党政府通过的《失业保险法》中设置的一些领取资格限制。② 在住房领域，通过了《住宅法》，计划在未来 15 年建造 250 万套住房。税收政策由于“左”“右”为难，无法实施“劫富济贫”的政策，政策施行与其竞选宣言呈现出的凯恩斯主义特色相悖，反而采取了对各阶层全面减税的措施。结果并没有增加就业岗位，也无法提高工人工资，讽刺的是宣称代表工人阶级并且以工会力量为其重要组织基础的工党，在第一次执政期间就发生了多个行业工人的全面罢工。在党的领导层发生了更为致命的事情，首次被称呼

---

① Iain Dale, ed., *Labour Party General Election Manifestos: 1900 – 1997*, London and New York: Routledge, 2000, pp. 20–26.

② 然而这些资格限制不久就被保守党政府重新恢复。

为工党的“领袖”和首相的麦克唐纳的思想发生了变化，与工党的主流思想意识形态和核心关注愈发不一致，和工党党纲与竞选宣言体现出的特点大相径庭。他对外交事务比对内政事务更感兴趣，因而导致这届工党政府在内政事务上几乎无所作为，但在对外事务上反而有所成就。他着力促成了英苏和解，并且对“国联”维护欧洲和平的活动也起到积极的推动作用。此次为期十个月的执政终结于“坎贝尔事件”① 引发的保守党和自由党对工党发动的不信任案，麦克唐纳只得解散议会，重新发起大选。

1924 年大选，工党更加明确地提出了社会主义和国有化方案，并在宣言中明确体现了较激进的新自由主义者和伦理社会主义者们对社会改革的目标和方式、自由市场竞争与集体主义社会政策之间的关系和边界的看法。经过之前十个月的执政经历的锻炼，此次工党竞选宣言的内容比以往详细很多，有了很多细化的政策内容，如取消食品税、废除房屋税、停止对养老金的削减、提高战争中服役军人的薪俸、通过住房法案、帮助农民贷款、增加低租金农舍和保障农业基本工资水平、国家发展建设政策以应对失业、加强失业登记制度、缩小班级规模、增加师资和提高教师工资、改革济贫体制、防止面包销售欺诈法案、保证海难船只海员工资法案、土地价值税、矿业国有化法案和工厂法修订案、21 岁以上妇女享有与男子同等投票权及给有孩子的寡妇提供津贴等与社会福利相关的广泛议题。② 1924 年，工党在大选中丧失 40 个议席，保守党上台执政。

1927 年，工党的组成部分之一独立工党在采纳了重要的新自由主义思想家霍布森的建议的基础上，发布了实行最低工资制度以刺激消

① 1924 年，《工人周报》的代理编辑坎贝尔发表文章呼吁士兵在工会运动中“不要把枪口对准工人同胞”，检察官黑斯廷斯爵士起诉该文章煽动叛乱，后来他撤销了起诉。

② 崔士鑫：《历史的风向标：英国政党竞选宣言研究（1900—2005）》，北京大学出版社 2013 年版，第 90 页。

费从而恢复国民经济的政策声明，但该声明遭到了党的领导人麦克唐纳和财政大臣斯诺登的反对而未能实行。他们同当时大多数工党领导人一样，缺乏专业的经济理论和经济事务知识，而又不愿采取新观点，宁愿听从坚持保守经济观念的行政官僚们的意见。1929 年大选，工党提出了更详细的施政纲领，很多方案都直接或间接地针对当时严重且备受其选民主体关注的失业问题。首先，直接改善失业者境况，提出修改《失业保险法》，为失业者提供更慷慨的生活费用。其次，通过配合养老政策和教育政策以改善失业问题。延长年轻人在校年龄，增加养老金待遇以鼓励退休。第三，增进公共投资，增加就业机会。措施包括大力推进住房建设，改造贫民窟，推进农田水利建设，通过与自治领协商为那些想在新土地上进行投资的人们提供训练与帮助。反观那一届保守党的执政，面对严峻的经济形势，其继续推行严格限制和镇压工会运动的政策，引致工会力量的严重反感。最终，在 1929 年大选中，工党虽然总选票数不及保守党，但由于单选区简单多数制的选举制度，获得议席数超过了保守党，虽然没有超过半数而仍需要在自由党支持下执政，但其第一次成为了议会第一大党。

然而，该届工党政府上台不到半年，就爆发了从美国华尔街股市崩盘开始的世界性经济危机。1930 年，英国出口骤减三分之一，失业人数猛增至 280 万，政府财政无法负担支出，削减失业津贴又与工党执政方略的核心要素冲突，在党内无法通过。在此危急关头，工党领导人麦克唐纳做出了抛弃工党同僚、接受国王任命组成超党派的“国民政府”的选择，工党政府再次还未能推行其政策而垮台。

1931 年的麦克唐纳“背叛”事件，既是工党议会党团和议会外党团组织（特别是工会力量）在大危机下矛盾的总爆发，也第一次集中体现了工党的“阶级党”和“执政党”的身份冲突带来的后果。面对财政捉襟见肘和岌岌可危的经济社会形势，当时工会领导人主导的工党总理事会坚持不削减社会保障开支，不削减劳工利益。如果麦克唐纳遵循工党总理事会的意见，代表工会和工人阶级诉求，工党可能不会分裂，但有可能会造成与其他政党更大的冲突和英国政治的分裂动荡。[①] 现实中麦克唐纳选择了抛弃工党而组建联合政府，维持了英国政治的基本平稳，但造成了工党的严重分裂。麦克唐纳建立联合政府后，工党领导层无人追随，并将其视为党内叛徒开除出党。麦克唐纳领导的联合政府面对经济危机继续坚持削减支出的方针，降低工资，还降低失业保险津贴，不再体现出工党社会民主主义社会福利理念的色彩，该政府也在不久之后下野，保守党重新上台。直到第二次世界大战开始，英国一直由保守党执政。二战期间同一战期间一样，组成跨党派的联合政府，由保守党领袖丘吉尔任首相，工党多名领导人进入内阁，参与战时联合政府的政策制定与实施。由于工党成员主要分工管理内政方面，因而在社会政策领域积累了很多执政经验和执政声望。

二 艾德礼政府的福利国家建设的主要特点

战后初期艾德礼政府的种种施政举措是工党社会民主主义经济计划和福利集体主义的最高峰。1945 年 7 月大选，[②] 工党竞选宣言以《让我们面向未来——供全国考虑的工党政策声明》为题，成功战胜“战争英雄”丘吉尔领导的保守党，首次独立上台执政。在宣言中工党高举建设福利国家的大旗，提出了“从摇篮到坟墓”的全面丰富的建设福利国家的计划，艾德礼政府基本实现了预期的福利制度建设目标，建立起了福利国家。

① 当然也有可能类似同时期美国罗斯福“新政”的良好结果，即工党在事实上实行了准凯恩斯主义的政策从而增加了有效需求，进而帮助英国经济更快恢复。然而由于英国保守政治势力强大，根据当时意大利、德国、苏联和西班牙等国的情况，破坏了政治团结的剧烈政策变革导致社会撕裂从而引发更严重的政治后果也是有可能的。

② 此时对德国作战已经结束，对日本作战还未结束。

（一）建成国民健康服务体系

英国福利国家最典型的制度就是国民健康服务体系（NHS）。该体系由工党左翼的代表卫生大臣安奈林·比万领导建立。《国民健康服务法》于1946年通过，1948年生效，根据该法英国迅速建立了国民健康服务体系。该体系从多方面体现出了社会民主主义的理念。

第一，医院实行国有化，归卫生部统一管理。过去的医院由地方政府管理，现在地方政府只负责公共卫生服务，不再管理医院。比万认为这样有利于医疗资源在全国范围内的优化统筹。保守党和英国医生协会在法案通过前后一直发出反对和质疑的声音，前者主要反对中央集权化，强调地方自治的传统。后者主要反对医生由自给自足者变为政府雇佣的工薪人员从而丧失自由，后来达成妥协，医生可自愿参加健康服务体系，保留私人医生和诊所的存在，即使加入该体系的医生也可根据病人规模收取一定费用。第二，服务免费和普遍享有。免费的项目涵盖了医疗的大多数方面（虽然由于实施之后财政困难导致恢复了一些收费项目），税收负担90%的费用，剩下的来自社会保险指定供款。人人平等享受免费医疗服务，不再因为经济条件或阶级差异影响享受服务的优先级。[①] 英国的免费医疗服务体系堪称世界范围内的样板，虽然也存在效率低下等问题被人诟病，但如今仍是各国讨论医疗卫生健康领域制度建设时绕不开的参照物。

（二）建立全面的国民保险体系

1946年英国通过了新的《国民保险法》，大大扩充了1911年

---

① 该体系创立的重要参与者与坚定支持者、社会民主主义左翼思想家蒂特马斯就曾经赞叹地叙述他去国民健康系统的医院看病的感受，他写道："在我的所有经历中，最突出的是一个来自特立尼达的西印度群岛土著，他25岁，得了肠癌。他预约接受放疗的时间和我一样，都是每天上午10点。有时候他先进放疗室，有时候我先进。决定谁要等着的原因十分简单，完全取决于伦敦变化莫测的交通状况——而不是种族、信仰、肤色或社会等级。"参见鲁伊《重访蒂特马斯》，《三联生活周刊》2012年第43期。

《国民保险法》的内容，包括退休金、失业保险、疾病保险、产妇津贴、寡妇年金及补贴、孤儿津贴及死亡补贴。法律强制 16 岁以上和男 65 岁、女 60 岁以下的就业公民参加国民保险，缴费采用均一比例。1948 年英国通过了《国民救助法》，同时正式废除了《济贫法》。与国民保险不同，国民救助的资金由一般税收拨付。遵照社会民主主义强国家的理念，中央政府接管了地方教会及其他自助互助组织社会救助的职能，成立了国民救助委员会，统一管理和执行社会救助。

1945 年，在整合式的《国民保险法》颁布之前，工党政府颁布了单独的《国民保险（工伤）法》，建立起新的工伤保险制度。英国之前的工伤事故赔偿由雇主单方面负全责，且完全由私人保险公司赔偿，当私人保险公司的赔偿标准低于国家规定时，雇工则获得健康保险法规定的伤残与疾病津贴。新的工伤保险制度确立了雇工、雇主和国家三方共同负担的原则，国家建立统一的工伤保险基金，国家财政予以支持，且纳入社会保障体系。工伤保险制度与其他国民保险制度分列而单独颁布法令，其制度规定和运行机制有很多与其他社会保险项目相比的特殊性，这体现出艾德礼领导的工党政府对工伤问题格外重视。

（三）其他福利建设

1944 年战时联合政府就已经通过了以教育部部长（保守党人）巴特勒命名的《巴特勒法案》，艾德礼政府主要是将该法案付诸实施。该法案主要内容包括，第一，为全体 5—15 岁儿童提供义务教育。第二，中学阶段分为文法学校、技术学校和现代中学三类，11 岁儿童参加考试以决定去哪类学校就读。第三，将教育部提升为内阁级以“促进人民的教育事业”，提供“普遍而多样的教育服务”。工党执政后多次宣称要比《巴特案勒法案》的程度更进一步推进教育事业发展，比如将离校年龄提高到 16 岁，但直到 1964 年威尔逊政府时期也没有实现。可以看出，教育改革的主要政策是社会民主主义和保守主义相妥协的产物，规定儿童普遍接受义务教育和设立内阁级的教育部以“促进人民的教育事业”等举措至少从法律上确立了保障人人享有基础教育权利和教育权平等的理念。设置三种中学和通过考试来进行分类（有 20%的学生能进入文法学校，5%进入技术学校，其他进入现代学校，总体上上层阶级的子女更容易考上文法学校）则被指为固化现有的阶层分化，体现出保守主义在教育领域的强大影响。而提高离校年龄是保守主义和劳工主义者都反对或至少不感兴趣的事情，因为上层阶级的子女离校后很多都可以进入大学继续深造，而下层阶级的子女很多则急于进入社会赚取收入。

由于工业化发展快、人口增长迅速、贫富分化严重及国土面积狭小，英国的房荒问题在 19 世纪就已经十分严重。而第二次世界大战期间德国对英国国土的狂轰滥炸导致此问题更加严重，解决大量普通民众的住房需求是战后的工党政府在社会福利领域面临的最迫切的问题。1946 年，艾德礼领导设立了住房修建执行委员会，除了修复大量战争中被损毁的住房外，因为英国中产阶级的住房问题在二战前就已经基本解决，其工作重心放在为低收入者建造福利性质的住房上。在社会民主主义理念主导下，政府大力支持地方当局建房，特别是建造廉租房，同时严格私人建房并遏制土地投机，规定有闲置私房者应主动出租，限制将住宅改为工商业用途等。上述政策都是英国史上的首次。同时，还对第一次购房的低收入家庭给予补贴和其他优惠。工党的住房政策取得了显著成果。然而由于战后物资短缺，限制私人建房、由地方政府建房及政策引导房屋廉价出租等政策均缺乏有效激励，比万全身心进行国民卫生服务系统的建设，分身乏术，加之保守党和相关利益群体的反对和抵制，住房建设速度滞后于所宣称的目标，大量低收入民众的居住条件并未得到改观，这也成为工党仅执政一届就下台的重要因素。

1945 年英国通过了《家庭津贴法》，针对工薪阶层家庭的第二个及其后的孩子进行补贴，无须缴费、普遍享有，直接支付给母亲。据说是为了防止丈夫滥用这笔钱，[①] 同时也是为了改善战争导致大量的儿童贫困，该津贴由税收支付，无需缴费。这是社会民主主义倡导的男女平等及承认和尊重女性养育后代劳动价值的体现，也是女权主义运动的重要成果。1948 年，英国通过了《儿童法》，规定地方政府设立儿童事务专员，加强儿童照顾工作，特别是对贫苦家庭儿童的照顾和保护。

总体而言，艾德礼政府较好地兑现了其竞选承诺，建立了制度型的福利国家，社会福利不再是权宜之计和一些松散的行为，成为国家政策中一个成体系的稳定的组成部分。

第三节　福利国家建立时期思想影响政策的场域

一战结束到 20 世纪 50 年代初工党首次独立执政的 30 多年里，社会民主主义福利思想成为工党社会福利政策的主导思想，伦理社会主义对工党社会福利政策产生重要影响。同时，工党的社会福利政策又充分吸纳了凯恩斯主义、《贝弗里奇报告》等新自由主义社会福利思想的政策主张，工党政府的社会福利改革和福利国家建设很大程度上是这种综合性的思想影响的结果。这种思想选择和政策变迁的格局产生于极为特殊的社会历史条件。

一　大萧条和经济复苏困难

两次世界大战及其间的长期经济萧条是此阶段经济场域的核心内容。第一次世界大战对社会生产力造成了严重的破坏，参战各国在战争后期均陷入严重的经济困难，中下层民众的生活状况也普遍陷入困

---

① ［英］阿瑟·马威克：《一九四五年以来的英国社会》，马传禧等译，商务印书馆 1992 年版，第 45 页。

难，这是第一次世界大战及战后社会民主主义福利思想影响力增加的客观基础。而到了20世纪20年代末30年代初，长期的经济低迷和大萧条①则成为社会民主主义社会福利思想得以在工党内确立的客观基础。作为老牌资本主义强国，英国对于经济危机并不陌生，一种观点认为资本主义世界最早的一次经济危机就发生在1851年的英国。由于英国经济在工业革命后一直处于世界领先地位，加之国内有比其他资本主义国家更完善的济贫制度、国外有最广阔的殖民地来“消化”危机，所以历次危机均未能动摇英国政府自19世纪以来确立的自由主义经济社会政策的大方向。直到20世纪20年代末和30年代初的经济大萧条，其他国家纷纷采取不同程度的干预措施时，英国政府仍然不愿改变其政策方向。然而，由于英国国力相对衰退、海外殖民地的规模和对海外殖民地的控制程度也今非昔比，其固执地执行自由主义经济社会政策未能使其如从前一般侥幸度过危机。当美国通过以加强政府干预为核心的“罗斯福新政”迅速复苏、苏联通过建立高度集中的政治经济体制加速发展、其他资本主义强国也通过各种强化干预或统制的措施从经济危机中走出时②，英国仍然在经济低迷中徘徊。古典自由主义经济政策及其思想理念开始受到质疑和批评，以凯恩斯主义为代表的新自由主义思想流派的政策主张开始得到学界和政界的关注并逐渐被广泛接纳。第二次世界大战对生产力的严重破坏延续和加强了上述倾向。

二　特殊历史时期的跨阶级团结和普选权最终确立

（一）特殊历史时期的跨阶级社会团结

第一次世界大战期间，由于战时生产需要，大量农民成为工人，

① 关于经济危机和大萧条的具体情况，不同学科已有非常多的充分介绍和评述，本书不再赘述。

② 需要注意，这里仅指各种加强干预的措施客观上的经济后果，其政治内涵和政治后果不一定都是可取的，比如当时德国的做法。

工会会员人数大量增加，工党附属的工会会员人数从战争开始时的157万人增加到战争结束时的296万人①，这大大增加了工党的选民基础和影响力。长期的经济困难和大萧条，使部分熟练工人比19世纪更为贫困化，使工人阶级深刻认识到私有制和特权的共生性及资本家以追求利润为最高目标所主导的行为带来的贫富悬殊后果，工人阶级对国家干预社会福利的反感情绪逐渐减少。大萧条时期，许多工人发现自己的实际工资已经杯水车薪，而工会运动能够增加的实际工资也极为有限，从而导致工会对国家干预制定社会工资的政策的反对也渐渐减少。在这种环境下，1930年由医疗社会主义者联盟发起的国民健康服务计划在1934年成为工党的官方政策，并且越来越受到民众欢迎，凯恩斯、贝弗里奇等人提出的国家干预下的充分就业政策和福利国家构想也越来越受工人阶级青睐。工党对上述政策的接纳和鼓吹使其在二战前塑造出了一个积极作为的负责任的工人阶级政党的形象，而二战的经历更是毫无疑问地使这样一个坚持社会民主主义和以社会改革为目标的政党获得了一边倒的竞选优势。第二次世界大战期间，英国本土遭到德国的狂轰滥炸，广泛的战争动员使社会生产力遭到严重破坏，各阶级民众流离失所、饥寒交迫，基本生活和安全长期都得不到保障，因而自然产生更为强烈的发展社会福利制度的诉求，中上层阶级也首次集体性地产生了这种诉求。

（二）普选权最终确立

第一次世界大战的战争方式和以往大为不同，它需要动员大量下层劳工成为士兵或加入战时生产，同时由于劳动力不足，大量妇女投入生产和后勤保障工作。随着这些群体参与到以往主要由中上层把持

① Henry Pelling and Alastair J. Reid, *A Short History of the Labor Party*, London: Macmillan Press Ltd., 1996, p. 25.

的体制和领域，同样为国家做贡献，其追求平等政治权利的意识愈发觉醒，要求被赋予选举权的呼声也愈发高涨。1918 年，《人民代表法》通过，英国拥有选举权的人口占到了总人口的 75%①，大量劳工和妇女获得了选举权。1928 年，英国最终完全取消了选民的财产和性别限制，实现了普选制。由于工党始终积极支持和领导劳工运动和妇女运动，增加的选票主要都投给了工党。普选权的不断扩大和最终确立一方面增加了工党的选票，是其得以成为两大党之一并获得执政机会的制度基础，也增加了希望发展社会福利的平民大众的政策话语权，还迫使保守党进行改革，关注原先不放在眼里的劳工群众的需求，以扩大其选民基础，并形成了和工党长期的“政策共识”。

三　工党组织结构集中化与政党斗争格局的巨变

（一）工党组织结构集中化

两次世界大战之间，工党领导层的大多数成员仍然出身工会运动，或者与之有着密切的联系，所以对中下层民众对社会福利的诉求十分熟悉，有利于左翼社会福利思想影响政策。第二次世界大战期间及战后，越来越多非劳工出身的小资产阶级加入工党，领导层也呈现出相似的趋势，这有利于社会民主主义社会福利思想的确立和普及，加上自由党的分裂和式微及工党个人党员制的引入，吸引了更多的非劳工党员。

第一次世界大战之后，联合政府解散，韩德逊认识到工党能够参与政权是由于一战的特殊情势，而党内的思想和组织建设的水平和成熟的保守党与自由党还有很大差距。韩德逊通过一系列努力和斗争，协调整合工会、“费边社”和独立工党等的利益，使工党通过了社会

① David Lindsay Keire, *The Constitutional History of Modern Britain: Since 1485*, London: Adam and Charles Black, 1987, p. 473.

民主主义的党纲。即工党以通过议会斗争实现社会主义为目标，主要依靠劳工阶级，但不只代表劳工，而是代表整个中下层民众的利益，并对所有认可其目标和价值的各阶层人士开放，这标志着工党的指导思想正式由劳工主义进展到社会民主主义。同时，韩德逊着力加强工党组织建设，规范组织关系，使工党的组织结构更为集中和科学，更符合现代化政党的特点，既有利于依靠地方组织输出社会民主主义价值观，又有利于在地方选举中提出更多有竞争力的候选人，获得能够上台执政的可能性。经过韩德逊等人的努力，到 1918 年大选前夕，工党地方政治组织达到 325 个，工业组织下降到 73 个，而在 1917 年，上述两个数字还分别为 153 个和 107 个①，这是社会民主主义取代劳工主义的组织基础。1922 年，麦克唐纳当选为议会党团的主席，并且第一次被称为工党的"主席和领袖"，他的领导权力高于以往的任何一位工党领导人，这标志着工党组织方式的重大变革，议会党团的地位相对于工会获得了大大提高，工党在英国政治舞台上正式被认可为议会中的反对党。自从 1918 年党章确认了个人可以直接加入工党后，非工会提名的党员人数大大增加。

很多人支持麦克唐纳是因为其曾经激进的反战立场，特别是克莱德河畔的独立工党党员们，然而麦克唐纳后来在国内政策上表现出的温和态度却让他们大失所望。独立工党越来越成为各种左翼人士聚集的组织，其认为工党越来越保守和温和，因而离心倾向越发明显。此时工党加强纪律约束并坚持其社会民主主义的意识形态。但同时，工会运动重于议会活动的特征仍然存在且在某些方面有所强化，工会总理事会和全国执行委员会之间经常势不两立，贝文领导的在码头工人工会基础上成立的运输与普通工人工会甚至把下院看作"过剩官员退

① 李媛媛：《英国工党地方性组织嬗变研究》，中国社会科学出版社 2009 年版，第 87—88 页。

休处"①。保守党反而较早试图抛弃自由主义经济政策，1923 年，首相史坦莱·鲍尔温由于试图提高关税以应对经济困难的计划受阻而宣布解散议会重新大选，但当时自由主义经济思想仍然在英国深入人心，保守党虽然获得 258 席却没能超过半数，工党获得 191 席，自由党获得 158 席。于是支持自由贸易的工党和自由党联合组阁，麦克唐纳成为首相。

1931 年麦克唐纳被开除出工党后，工党内部力量进行了重新整合，老一辈的领袖逐渐退出，全国劳工总理事会的贝文发挥越来越重要的作用。而有着良好教育背景的艾德礼和克里普斯等人逐渐走上工党的领导岗位。由于艾德礼谨慎的性格和出色的团结能力，以及在危机和战争的特殊环境下应运而生的联合内阁将贝文等工会领导人也吸收进去，工党在 20 世纪 40 年代暂时实现了空前程度的团结。由于议会党团在联合政府及战后政府持续执政，所以权力越来越大，能力越来越高。战时停止大选和对工人运动的限制使议会外的运动能力被削弱，同时由于战时团结一致对外的社会氛围，政党之间和党内斗争都不受欢迎，特别是在 20 世纪 40 年代初危机高峰时期，不同力量倾向于服从单一化的政治约束。30 年代统治工党的全国劳工理事会逐渐式微。

在麦克唐纳事件引起分裂和混乱后，1935 年，体弱多病的领袖兰思伯雷辞职，艾德礼继任工党领袖。他是工党第一位非劳工出身的领袖，出身于中产家庭，信奉社会民主主义和基督教社会主义观，在工党陷入混乱时坚持中间道路和调和立场。艾德礼在其 1935 年的著作《走向社会主义的意志和道路》中明确阐述了工党在社会福利领域的政策展望，宣称若工党执政，将实行养老金制度和失业救济制度，保

---

① ［英］亨利·佩林：《英国工党简史》，江南造船厂业余学校英语翻译小组译，上海人民出版社 1977 年版，第 58 页。

障老年人和失业者的基本生活；建设国家卫生体系，满足社会各阶层对医疗卫生的需求；重视教育，延长在校年限；建设新住房，消除贫民窟。可以看出，工党领导人早在第二次世界大战之前就已经接受了发展国家福利制度的理念，战后工党政府的福利国家建设计划并非在《贝弗里奇报告》的启发下“无中生有”，而是后者的详细计划正好符合工党政府社会福利政策的基本方向和框架才被拿来使用。与之类似，正是因为瑞典的社会民主党早就接受了以充分就业、社会平等与团结为核心的“瑞典学派”和社会民主主义的社会福利思想，并且能够长期执政六十多年少有间断，才使瑞典长期保持了坚持《贝弗里奇报告》的社会福利政策的表象。瑞典政府并非在《贝弗里奇报告》的启发下才产生了建设福利国家的价值观，而是其某些措施和瑞典政府的福利价值观不谋而合而被在实践层面借鉴。英国的“福利共识”时间远少于瑞典社会民主党执政的时间，且在此期间，无论是保守党还是工党内部对于这种“共识”的同意也都不如瑞典社会民主党深刻和一致，所以自然导致其福利政策输出与《贝弗里奇报告》的内容偏离更远。

当时的全国劳工理事会领袖贝文是标准的劳工出身，长期从事劳工运动，威望和能力都十分突出，艾德礼与其实现了长期的合作，实现了工党的重新团结和复兴及社会民主主义政策的贯彻。两人的阶级出身和政治经历迥异，但能够达成相当程度的和谐共处，在工党历史上实属罕见。丘吉尔任命许多工党成员进入内阁和政府，部分是看重其广泛的群众基础，这一点在全民战争时期至关重要。由于丘吉尔主观上对战争和外交事务比国内政策更感兴趣，客观上也需要不断和盟国首脑频繁进行会晤，这给副首相艾德礼提供了大量的锻炼内政能力的空间。

（二）政党斗争格局的巨变

工党取代自由党成为英国政坛两大党，获得了领导其他政党执政直到独立执政的机会，其要想获得或者保持执政地位，就需要获得更多的选票。这就要求其政策的思想倾向必须能够代表更多选民的诉求，这是工党抛弃主要代表工人阶级的劳工主义社会福利思想而选择能代表更广泛民众利益的社会民主主义社会福利思想的政治动因。自由党最主要的教训也在于此，即未能实现党在组织和思想上的统一和兼容，各个派别固执己见，终至分裂，而分裂后的力量各自都吸引不到足够多的认同者，于是便无法在大选中胜出。

自由党衰落的另一个主要原因在于，其一直未能根据经济社会形势和社会心理的变化调整自身政策的指导思想，在资本主义世界普遍走向帝国主义阶段时，始终坚持古典自由主义，随着英国国力衰落导致自由主义政策坚持不下去时，自由党又尝试走调和保守党和工党主张的中间道路，缺乏自身的独特性，因而在单选区简单多数制的情况下无法战胜保守党和工党，进而衰落。与之相对，工党则随着经济社会形势和社会心理的变化适时调整自身政策的指导思想，在爱国主义高涨和民心普遍求稳的时代适时将激进左翼派别清除出党，与各种激进派别和行动划清界限，但同时又保持着坚持平等主义福利政策和首要代表工人阶级利益的独特本质，从而得以在英国政党政治舞台上脱颖而出。自由党的分裂早在 19 世纪末 20 世纪初就已经开始，其领导人劳合·乔治和阿斯奎斯的矛盾更是随着第一次世界大战的爆发而激化，自由党陷入分裂，劳合·乔治派甩开阿斯奎斯派和保守党成立联合政府并担任首相。然而，作为战争胜利的功臣，他也并未得到保守党的充分信任。两次世界大战期间，自由党虽然经过各式分分合合，但总趋势是走向分裂和衰落，从 1922 年起，其第二大党的地位就被工党取代。

布兰德利（Brandley）认为自由党分裂的种子早在 1906—1914 年的巅峰时期就已经埋下，因为那时很多年轻党员的思想倾向已经发生了变化，一部分支持帝国主义，而另一部分支持集体主义，前者和保守党更有共鸣，后者则更易亲近工党。[①] 大多数自由党人试图调和以阶级分化为基础的自由市场经济体制与以打破阶级界限为目标的激进工人运动之间的矛盾，但这种幻想被残酷的社会经济变化发展击得粉碎。在那种社会经济条件和阶级构成下，加之单选区简单多数制的选举制度，试图调和阶级矛盾和走中间路线无法在选举中胜出。登格菲尔德（Dangerfield）认为自由党的迅速衰落不仅是由于其在一战前的执政时期没能很好地应对一系列社会危机事件，更是由于一战期间其一系列与一贯宣扬的宗旨背道而驰的举措，如出版审查、监禁德国侨民、禁止公共集会和推行义务兵役制等。[②] 布拉德利（Bradley，1985，p. 75）认为一个以"自由"为核心价值的政党却对内加强政府权力、强化审查和镇压制度，对外采取狭隘的民族主义和帝国主义政策等自由主义者最反对和恐惧的事情，无异于自掘坟墓，进而导致了党内人心的涣散乃至分裂，党在选民心目中的形象崩塌进而流失选票。自由党衰落的教训充分说明，虽然理性务实地根据当前情况调整党的政策很有必要，但保持稳定性的核心价值理念同样重要，为了应付短期的困难而置自己长期宣扬的价值观及党员和支持者们的信念于不顾，推行与之背道而驰的政策，则会大大损害政党的形象和团结，有失去支持者和丧失影响力的危险。

两次世界大战期间，原先的两大党之一自由党无可挽回地在政治领域衰落为"第三党"，迄今为止再也未能上台执政，但它却更好地成为了自由主义思想流派的活动载体和宣传工具，它的活动对其他政党的政策主张和执行始终也发挥着重要影响。自由党和新自由主义者中，对社会福利政策影响巨大的代表性人物及思想，就是凯恩斯和凯

---

① Bradley, I., *The Strange Rebirth of Liberal Britain*, London: Chatto and Windus, 1985, p. 76.

② Dangerfield, G. E., *The Strange Death of Liberal England*, London: MacGibbon and Kee, 1966.

恩斯主义①，以及贝弗里奇及《贝弗里奇报告》。第二次世界大战中，《贝弗里奇报告》所勾画的福利国家蓝图对于民众产生了极大的吸引力，而时任英国首相的丘吉尔和保守党却不认可发展高福利的主张，认为社会保险计划的成功必须建立在经济稳定的基础之上，战时及战后的英国并无实施高福利的能力，过高的福利承诺是对继任者的束缚。一般认为丘吉尔和保守党对民众需求的漠视是其在 1945 年的大选中失败的重要原因，而艾德礼和工党则抓住战时联合政府的机会大打福利牌，积极推动社会立法工作和宣传，提出战后不能让英国回到旧秩序，应该建立一个社会民主主义的新秩序，让广大民众过上幸福美好的生活。工党提出并推动了一系列战后重建、国有化、加强国家对经济社会的干预和发展社会福利的计划，从而迎合了跨阶层的广大选民的需求，得以战胜丘吉尔上台执政。首次独立执政的工党自然要努力塑造自己不同于“老态龙钟”的保守党的全新形象，采用和保守党的政策主张形成鲜明对比的政策则是必然举措，积极加强国家对经济生活的干预、强化再分配和发展全方位、高水平的社会福利制度就必然成为工党用来和保守党竞争的主要武器。

四　第二次世界大战和战后两极格局的影响

（一）第二次世界大战的特殊影响

很多社会民主主义者认为二战的经历是工党内外对社会福利政策形成社会民主主义共识的关键因素。著名的社会民主主义社会政策学

---

① 需要再次强调，本书所使用“新（New）自由主义”同“新（Neo）古典自由主义”不同，凯恩斯强调加强国家对经济的干预，往往被作为亚当·斯密的古典自由主义传统的对立物，而从更宏观的角度看，这种对立只是自由主义大流派中的不同派别的对立。凯恩斯虽然强调国家干预，但他仍然是以资本主义和自由市场制度为本位，所以仍属于自由主义流派的范畴，与古典自由主义和新古典自由主义相比，与社会主义和保守主义流派的主张有着更为本质的区别。

者蒂特马斯认为二战的影响可以从三个方面来发现，民众的态度、关于社会问题更多信息的暴露和政府的回应。[①]

战争期间，民众对社会团结缺失的感觉愈发强烈，这是社会民主主义共识的基础和接受平等主义社会经济政策的关键步骤。战争状态也全面和深刻地暴露了被遮掩的各种社会问题和病态。普遍征兵将医疗和教育领域的问题充分暴露。贫困、营养不良和卫生服务的区域不均问题暴露无遗，因为士兵身体素质不达标状况与地域和阶层显著相关。战前教育系统的失败也被征兵揭示出来，因为发现了令人震惊的文盲率。诸多问题的暴露和公众认知与态度的转变共同促使政府加强了提供满足社会需求的福利服务的责任感。总之，第二次世界大战揭示了之前被掩盖的许多信息，要求更多社会福利的压力和对社会公正更深刻的理解转变了人们对国家福利的情绪和态度，为福利国家的建立提供了道德—理性层面的共识。

许多学者、教师和政治活动家都注意到了变化中的价值观和共同经历对社会体系变迁的影响。20 世纪后几十年依然有很多怀念那个“共同奋斗”的“黄金时代”的言论和文献。富特（Foot）认为第二次世界大战对社会团结的催化作用要比第一次世界大战更深刻[②]，经历了长期的经济衰退和社会动荡之后，在各个政党组建的联合政府的领导下又经历艰难的守卫家园的抗德战争，创造了一种“共同牺牲”的现实和概念。[③] 战争经历还显示了中央计划经济和社会政策的成功，比如紧急医疗服务在战争中发挥了巨大的作用，其经验和影响对于战后国民保健系统的建立也起到重要的促进作用。

---

① 参见 Titmuss, R. M., *Essays on "The Welfare State"*, London: George Allen and Unwin Ltd., 1963.

② 对第二次世界大战参与程度远大于第一次世界大战的美国和部分亚洲国家，这一论点几乎不容置疑，但对于二战的卷入程度从某些方面讲小于一战的英国、法国等西欧国家，却不尽然。

③ Foot, M., *Aneurin Bevan: 1897-1960*, London: Weidenfeld and Nicolson, 1997.

公众对战后一个更加集体主义的社会的兴趣从战争期间的直接经验就可见端倪。在战时的成人教育班里，人们热烈地讨论各种社会问题，尤其是战后重建问题，因为这是那个时期最重要的事情。哈利·波利特（Harry Pollitt）指出战争中形成的各阶层平等牺牲的要求也衍生出全民权利义务平等的观念。① 二战期间的很多民意调查都显示民众大多数都支持战后通过集体主义的方式实现更大程度的经济和社会安全。马威克（Marwick）和蒂特马斯一样认为在二战中，人们体验了集体主义的管理方式，并形成了对社会改革和民主社会主义的广泛共识。采用这种集体主义管理方式的极端就是军事组织。批评者认为把这种方式运用于社会事务中是一种值得警惕的社会风气，它反映了人们希望彻底依赖国家满足“从摇篮到坟墓”的所有需求，过上好吃懒做的生活。②

总之，战后民主社会主义和集体主义社会政策的共识政治，很大程度上继承自战时社会政策的思想和实践的发展，而这些的基础与其说是战争本身，毋宁说是社会各界对战争方方面面的经历和体验。这些体验和经历催生出了满足战争引致的人们对各种物质援助的需求的集体主义组织，也引致了人们对这些由政府保证的集体主义行为的偏好和其在战后继续维持的愿望。换句话说，战争期间支持国家全面干预的社会福利的社会潮流并不是由政府或意见领袖们自上而下灌输而形成，而是自下而上产生、传递和发展出来的。可以看出，这种社会潮流的内核是集体主义和伦理社会主义，一言以蔽之，即个体需求应通过集体责任来满足。因此，第二次世界大战至今仍被很多英国人称为“人民的战争”。

---

① Harrington, W. and Young, P., *The 1945 Revolution*, London: Davis Poynter, 1978, pp. 120-122.

② Marwick, A., *British Society Since 1945*, Harmondsworth, Middleessex: Penguin Books, 1982, p. 127.

战时民主社会主义的实践对战后社会政策发展的巨大贡献是毋庸置疑的。这期间以史无前例的共同牺牲的精神和计划式经济为特征的襁褓中的福利国家的实践，证明了民主社会主义是可行的，并且比其他之前出现的更激进的社会主义流派更适合英国国情。从很多方面看，第二次世界大战都发挥了催化剂的作用，促成了工党占多数的政府和以凯恩斯主义为主导经济政策的实现。同时，它还用鲜活而集中的事实验证了费边社会主义关于不平等的证据和其对缓解不平等的道德和理性回应间的关系的分析。总之，战争提供了在资本主义经济框架内通过民主社会主义推进更大程度的社会平等的实验机遇，而民主社会主义通过了实验检验，并在战后的三十年间成为英国社会政策领域的主流意识形态。这种福利国家主义建立在劳动力和资本合作的基础上，虽然接受了不可避免的资本主义社会组织和一定程度的社会不平等，但仍然以公民权作为纽带形成了一个统一体。

（二）战后国际格局大变动的影响

首先是英国衰落和冷战格局。第二次世界大战期间及战后，亚非拉民族解放运动风起云涌，“日不落帝国”的解体使英国政府的重心从帝国转向内政，这客观上为投入更多资源建立福利国家提供了可能。第二次世界大战的经历使国家管制的优越性体现出来，参加战时联合政府也锻炼了工党的执政能力。战后，美苏两极对立的冷战格局初步形成，美国为了对抗苏联“西进”，保卫所谓“自由世界”的边界，通过“马歇尔计划”对西欧进行了积极而大量的援助，英国也不例外。这些经济帮助也为英国在战后社会福利大发展和福利国家建设方面提供了部分客观基础。再则是苏联的影响。二战前，工党的官方文件和领导人反复强调社会民主主义的温和性和议会道路，抛弃劳工主义，努力在形象上和激进的劳工运动划清界限，很大程度上是由于选民对激进路线的恐惧心理。第二次世界大战的前半阶段，西欧各国纷纷溃败，苏联以一己之力对抗德国法西斯，其高度集中的政治经济体制的巨大力量显示出来，这一方面使很多选民转向工党，另一方面也使很多选民开始支持国家主办的社会福利。艾德礼曾多次公开澄清工党坚持走社会民主主义道路，消除了民众的疑虑，暂时减轻了建设福利国家和扩大再分配的压力。

本章小结

第一次世界大战结束前后（1918 年），工党确立了社会民主主义的意识形态，到了 20 世纪 30 年代末至第二次世界大战时期，工党的社会福利政策也开始体现出社会民主主义的特点，同时深受伦理社会主义的影响。第二次世界大战结束之后，工党首次独立上台执政，其社会福利政策的方向体现出充分的社会民主主义和伦理社会主义色彩，并且吸收了以凯恩斯主义和《贝弗里奇报告》为代表的新自由主义流派的思想和政策建议，这种思想和政策方向的格局一直持续到 1951 年艾德礼政府下台。

工党在两次世界大战之间曾经两次短暂和自由党等其他政党联合执政，其福利政策还未体现出明确的方向性和系统性，只是在与劳工密切相关的失业和住房领域有零星的政策，其中有很多还在下台之后被迅速废除。第二次世界大战之后，工党首次独立上台执政，对社会福利制度进行了全方位的改革，建立或重建了包括工伤保险、养老保险、失业保险、疾病保险、产妇津贴、寡妇年金和补贴、孤儿津贴及死亡补贴等全方位的社会保险制度；建立了举世闻名的国民免费医疗体系；发展国民教育；废除了存续几百年的济贫制度，建立国民救助制度；使英国成为世界上第一个全面介入社会福利各个领域并直接参与提供较高水平普惠型福利的国家。

此阶段工党能够以社会民主主义为“体”、伦理社会主义和包括凯恩斯主义和《贝弗里奇报告》等新自由主义思想理念为“用”的思想理念，成功地带领英国进行福利国家建设，有赖于极为特殊的社会历史条件。长期的经济危机和大萧条，以及自由主义经济理念的失灵，使国家干预经济和扩大再分配的理念获得试用机会。工人阶级的不断壮大、选举权的不断扩大和普选权的最终确立大幅增加了工党的选票和实行社会民主主义福利政策的必要性。工党在思想上和组织上逐渐集中统一、艾德礼政府时期领导层的团结一致是成功贯彻上述理念迅速完成福利国家建设的重要政治基础；自由党衰落使工党获得许多中产阶级党员和选民；保守党对民众社会福利的需求的漠视使工党更容易通过打“福利牌”来获取民众支持。两次世界大战，特别是第二次世界大战中英国各阶层同仇敌忾、增进了解，而战争状态又使英国社会福利制度中的种种问题暴露无遗，催生了改革福利制度和建立更加集体主义的福利体系的跨阶层共识；英国国力衰落导致英国政府把政策重心转向国内民生；冷战格局形成为工党福利国家建设提供了政策方向和物质辅助；第二次世界大战战后的社会民主主义思想潮流和政治潮流、苏联在第二次世界大战中显示出的巨大力量及其在国家建设中正反两个方面的经验教训，是英国工党政府既实施社会民主主义的经济政策和社会福利政策，但同时又采用温和妥协的方式的重要原因。

第四章　福利国家发展时期社会福利思想与工党政策

1951年艾德礼政府下台，直到20世纪80年代中后期金诺克改革，英国福利国家在徘徊中发展，此阶段也是工党内部在思想上和组织上左派和右派持续斗争的时期，该阶段经历艾德礼（后期）、盖茨克尔、威尔逊、卡拉汉、富特和金诺克（前期）五位领导人。随着英国政治社会经济状况和国际环境的变化，社会主义中的修正主义思想派别兴起，工党从思想上和组织上陷入了以修正主义为代表的右翼和传统左翼长期的拉锯战时期，这种分歧和斗争很大程度上产生于如何应对福利国家制度出现的种种问题上。

第一节　福利国家发展时期的重要社会福利思想

这一时期的社会福利思想结构总的变化趋势，如果分别从工党和保守党内部看，是从左右摇摆不断斗争的分裂状态分别走向“向左”和“向右”的整合，如果跳出单一政党而从整个英国政治舞台看，则是从共识走向分道扬镳。此阶段对工党社会福利政策影响较大的主要有克罗斯兰、蒂特马斯和马歇尔等人的思想主张。

一　“修正主义”及其代表人物的社会福利思想

（一）“修正主义”流派的概况

艾德礼政府虽然以社会民主主义作为其核心意识形态，但其福利国家建设实际上大量地借鉴了新自由主义者凯恩斯和贝弗里奇爵士的思想和建议。随着艾德礼等老一代工党领导人的退休，党内意识形态和思想理论层面的争论又逐渐浮出水面并愈演愈烈，在工党内部思想领域，战后的民主社会主义高潮逐渐退去，产生了以克罗斯兰等人为代表的修正主义派别。

修正主义流派也可以看作二战前工党内影响很大的伦理社会主义流派在新的历史条件下的发展。修正主义的源头可以追溯到 20 世纪 30 年代初的大危机时期，当时，工党著名思想家柯尔创立了智囊组织“新费边研究局”，该组织聚集了以 G. H. D. 柯尔、道尔顿（Hugh Dalton）、德宾和莫里森等思想家和社会活动家，他们开始提出一些有别于传统费边社会主义的思想理念。柯尔是修正主义的代表人物，他认为社会主义的三个要素为：人人有同等机会、人人享有基本的生活水平、民主自由。前两个要素等于否定了正统社会主义者追求的结果平等，而民主自由被他列为一个要素，因为他认为这两者是不可分割的。对于公有制，他认为那只是一种手段，而且只是在部分社会实现上述要素的手段，并不一定适用于所有社会。1949 年，柯尔主持的“费边社”大会决定出版一本新的“费边社”论文集，论文集由工党大臣克罗斯曼（R. H. S. Crossman）[①] 主编，于 1952 年出版，里面收录了很多修正主义思想的论文，这些论文多出自年轻思想家之手，这意味着修正主义思潮在工党内成为一种新思潮，而且被工党官方认可

① 此“克罗斯曼”（R. H. S. Crossman）不是后文详细探讨的“克罗斯兰”（C. A. R. Crosland），两人都是工党重要的思想家和政治活动家，容易混淆。

其存在。而修正主义者的代表人物是工党的修正主义学者和政治家克罗斯兰（C. A. R. Crosland）。

（二）“修正主义”代表人物克罗斯兰的社会福利思想及评价

克罗斯兰曾是一名牛津大学的政治学教师，后来成为工党的政治家。他在整体英国思想谱系中往往被视为中间偏左的思想家，而如果放在战后工党内部的思想斗争格局中考察，他的思想则属于右倾的修正主义，其思想深受前文所述的伦理社会主义思想大家 R. H. 托尼的影响。他的代表作品为 1956 年出版的《社会主义的未来》。克罗斯兰的修正主义思想主要包含以下核心要素。

首先，社会民主主义的社会福利的目标可以与资本主义制度共存。1951 年，执政仅一届的工党在大选中失利，丘吉尔领导的保守党重新上台执政。1952 年，克罗斯兰指出随着战后福利国家和混合经济的普遍发展，以两大阶级对立和依靠剥削工人阶级生存为特征的传统资本主义国家已经消失，资本主义国家并没有因为其本质矛盾而崩溃，反而逐步变形为一个全新的制度系统。克罗斯兰认为主要有以下几方面原因推动了资本主义国家的变化：第一，工会和工党等反对资本主义的力量不断发展壮大，它们给政治议程造成了越来越显著的压力，迫使政府做出改革。第二，随着资本主义经济危机一次比一次剧烈而深刻，工人阶级和资本家的利益诉求有了交集，比如充分就业政策：由于凯恩斯主义强调用充分就业政策保障有效需求和高利润相辅相成的关系，使工人运动和资本家都接受了国家对经济和社会生活的干预。第三，生产工具和所有权以及管理权的分散化广泛发生，稀释了剥削的程度和对立性质。第四，在第二次世界大战中发展出来的中央计划的水平已经使导致两大阶级对立的自由放任的市场经济制度不可能复活。总之，克罗斯兰等修正主义者认为，资本主义已经成为一个全新的经济社会系统，它把原先很多由市场进行的调节经济社会关系的功能转移给了国家，福利国家主义就是经济社会体制转换和国家与公民社会关系转换的一个重要方面。既然资本主义已经驯服了自身，那么战后社会民主主义者的奋斗目标就不再包含推翻资本主义，他们的主要目标变为了在后资本主义政治体系内为全体公民最大化资本主义转型所带来的好处。这个观点对工党的经济社会政策及更广泛的战后福利政策产生了深刻的影响。

其次，福利国家致力于构筑并不断提高社会底线而不是追求结果上的平均主义。工党的目标应该是追求更多的平等（Equality），而非实现一个平均主义（Egalitarian）的社会。他认为社会民主主义的发展既需要国家采取行动进一步解决各种社会问题，但同时福利国家已经开始侵犯公民的权利，需要加以调整。福利国家从本质上讲并不是用来创造平等的工具，甚至也不是用来与相对贫困作斗争的工具，它不是砸烂社会不平等的巨锤，而是一张社会保障网[①]。一定水平的社会保障网构筑起来之后，高于该网的保障水平所增加的国民收入就应该由国民自由支配而不能再被国家意志干预（如课税）。福利国家用于缓和私人市场经济和政府管制间的互动失败所造成的苦难，帮助促进机会平等。

最后，福利国家的发展应与经济发展的步调相协调。工党不应继续考虑推翻资本主义，而应考虑如何使所谓“后资本主义政治”良好运转并将其带来的好处惠及普通群众。他认为政府的核心功能就是对经济进行宏观层面的干预以确保经济增长，因为他认为经济增长是实现更大程度平等的前提条件。政府应该采用凯恩斯主义的方式维持经济增长，而如果经济增长得到维持，则会自动产生再分配效应，因为实际收入的提高会使更多的人负担得起原来只有少数人能够负担的消费品。第一，只要工资稳步增长，由于边际消费倾向递减规律，穷人

---

① Crosland, C. A. R., *The Future of Socialism*, London: Jonathan Cape, 1956, p. 63.

与富人之间的基本消费和可见消费的差异将大大缩小。第二，只要维持了经济增长，促进平等的再分配措施就可以避免使社会压力增加到难以忍受的程度，也无需过度侵犯公民的自由，因为此时富人即使被转移了一部分财富，其绝对生活水平也不会下降，所以不会在意同穷人相对生活水平差异的缩小①。第三，经济增长使得发展公共福利无须过度增加纳税人的负担。克罗斯兰始终坚决倡导发展公共福利。他认为发展公共福利是促进平等，特别是机会平等的核心解决办法。因为促进机会平等必须大力发展教育，而如果没有经济增长，就无法克服纳税人的抗拒从而把足够的资源投入到教育领域。

弗尼斯（Furniss）和梯尔顿（Tilton）将克罗斯兰对国家的设计称为“社会保障国家”（Social security state）②。在这样的国家里，政府是如下的角色：第一，政府对自由市场交易行为发挥补充和校正的作用，在绝对必要的情况下再扮演替代者的角色。政府的上述行为应有利于促进和发展更大程度的平等、民主和福利，克罗斯兰认为这些目标应该是所有支持福利国家主义的人所共享的，然而，上述理念虽然已被工党和保守党的精英所接受，但还没有渗透到整个社会政治体系。在一个自由民主政体中，即使有广泛的跨政党共识，混合经济社会毕竟而且应该建立在多元化的权力基础和经济控制方式上。如果决策者关于集体主义福利计划的共识没有被执行者所接受，则政府需要制定一些基本规则以引导后者认识到集体主义行动将实现各顾各的独立行动无法实现的目标。第二，政府应采用社会开支等手段更正市场分配制度带来的过度不平等和不公正。克罗斯兰承认市场经济和福利主义之间的不匹配，当前者一味追求利润最大化的基本特征与满足公民的社会经济需求不匹配时，政府就应该出面采取补偿和平衡措施，

---

① Crosland, C. A. R., *Socialism Now*, London: Jonathan Cape, 1975, p. 6.

② Furniss, N. and Tilton, T., *The Case for the Welfare State*, Bloomington: Indiana University Press, 1979.

通过税收、工资维持计划和实物给付等措施进行资源再分配。

克罗斯兰的思想在当时有着左右两方面的客观正效应。一方面，其对右翼的社会福利政策建议及其政治理论基础的抨击直接而有力，客观上回应了右翼和自由主义者对福利国家的抨击，维护了福利国家的正当性。他论证了他所倡导的普遍主义福利国家并没有右翼所攻击的那样对公民社会构成无所不至的侵犯，而且比右翼主张的剩余型社会福利更加适合当时的英国国情。福利国家在覆盖面上的普遍性是为了促进机会平等而非无限制追求结果平等。换句话说，福利供给的种类和覆盖面都应该扩大，然而其提供水平应该按照社会安全的需要而非结果平等为标准来衡量和确定。这种思路继承了凯恩斯主义者们和贝弗里奇爵士的雄心，并且延续了战后工党在实践中的政治倾向。克罗斯兰对于工党实践中的社会政策的性质只是重新定义而非重新创造。然而，这种实践上的延续是由于艾德礼政府时期由于各种主客观条件的限制工党还没有能够将政策实践推进到其意识形态的程度所致，在理论上，克罗斯兰实际上在将工党的意识形态中性化，其核心内容之一便是将福利国家的性质中性化，从本质上讲这是克罗斯兰修正主义的证明，但从客观上讲这种中性化大大化解了右翼对福利国家合法性及其巨额开支的恐惧和抨击。克罗斯兰明确反复强调福利国家不以追求平等为目标，绝对的结果平等既不现实，某种程度上说也无必要，福利国家主义是为了改革和完善资本主义而非取代资本主义。这些论述的最大贡献就是把工党对于是否继续推进国有化和保守党对于国家福利主义的排斥等本来处于中心位置的意识形态争议搁置到一边，延续并在原有基础上创造出更具实践性和更广泛的社会政策共识：市场为基础的经济辅之以积极的财政政策和再分配性质的福利国家会更有效地实现机会平等，符合各派政治力量和更广泛的英国国民的共同利益。针对保守主义者和自由主义者们对福利国家过度扩张的担忧，克罗斯兰的回应颇有费边主义色彩，他认为福利国家过度扩张确实会给经济增长带来压力，也会对公众的自由构成侵犯，而这些确实是应当加以避免的。因此，社会福利的增加应该建立在经济增长的基础上，从增长剩余部分里抽取。福利国家的投入不应该采用直接税的方式，也不应该损害纳税人绝对健康水平。这种“从增长中扣费”的理念在改善贫困人口的社会经济状况的同时只应减少富人的边际财富，不应损害其现有的绝对财富水平。克罗斯兰对于福利共识的看法扎根于社会民主主义的思想传统。他认为福利共识虽然经常要通过压抑或掩饰种种矛盾冲突来达成，但这种代价是值得的，因为一旦形成意见潮流，那政府就不得不对其作出回应，从而迫使国家机器采取措施协助社会权利的维护和扩张。

另一方面，克罗斯兰的理论使工党的社会福利政策更加注重和经济政策的配合，客观上有助于维护和保守党继续推进福利国家建设的政策“共识”。工党由于其阶级构成特点和执政经验较少的缘故，以往相对于保守党和自由党而言较不重视社会福利政策与经济政策的配合。由于艾德礼政府在推进社会政策时面临的财政困难和资方与保守党的反对和阻挠，克罗斯兰对经济增长问题的重视和对经济增长对福利国家基础性作用的强调，工党也开始更多重视经济政策及其与社会福利政策的配合，从而与保守党的“共识”加强，减少了来自后者的阻力。

二　坚定的福利倡导和推动者蒂特马斯的社会福利思想

在工党修正主义派别甚嚣尘上的环境中，蒂特马斯是坚定的社会民主主义左翼人士，国家一元主导型福利国家的坚定支持者和倡议者，从伦理道德角度为福利国家提供了极其丰富而有说服力的论证，他不但凭借理论的丰富和原创性成为世界上第一个社会政策学的教授，而且积极参与政府建设福利国家的政策实践。

（一）蒂特马斯社会福利思想的主要特点

蒂特马斯的福利国家理论与贝弗里奇有着本质上的不同。后者希望建立的是一个兼顾市场经济、国家干预与社会参与的多元化的福利制度，而蒂特马斯则明确认为应该建立国家主导的一元化的福利国家。蒂特马斯深入研究了利他主义和利他行为，并以之出发来构建他的福利国家理论体系。他认为私人部门必然无法摆脱利己主义动机，而公共部门才可能产生稳定的利他主义行为。他认为只有国家才可能价值中立和感情无涉并不偏不倚地推行必要的再分配政策，因而国家应该成为社会服务的主要资助者和提供者，而国家主导强制性的社会服务应以促进社会团结和减少社会排斥为目标。蒂特马斯认为多元化的福利体制必然伴随着大量的不平等和碎片化，因此明确反对私人部门组织的社会福利和形形色色的职业福利。

蒂特马斯的观点和论述同时成为了学术界的新右派和新左派的批判对象。新右派学者认为不是资本主义竞争性市场经济而是蒂特马斯主张的高税收和过度的财政支出及其导致的高通胀才是长期贫困的最主要原因。而新左派学者则认为蒂特马斯幻想由资本主义政府来建设福利国家从而逐步实现社会主义是对资本主义的本质和基本矛盾缺乏认识。

（二）蒂特马斯的思想对工党政策的影响

蒂特马斯没有凯恩斯的显赫家世，他从没有上过大学，很早就为了生计而从事保险行业的工作，在工作中他掌握了一定的统计学知识，这也是他进入社会科学界的基础，他后来进入的伦敦政治经济学院也没有剑桥大学的声望和资源。他进入伦敦政治经济学院以后却转向了社会管理和社会学领域，后人更多会关注他在呼吁社会平等的价值和推动社会平等的政策上的努力和成就，而忽视了他本来的学术背景和技能。传统学者的个人影响力的规律和传统政党有着相似之处。

前文已阐述，在传统的西方议会民主制下，一个成功的政党的指导思想既需要理性的部分以指导行动，又需要感性的部分以团结党员和影响选民。英国工党的意识形态就既包括理性的内容（费边主义—社会民主主义）以指导行动，又包括感性的内容（基督教社会主义—伦理社会主义）以团结党员和影响选民。传统的影响重大的学术领袖的个人影响力也都包括学术贡献和人格感染力两个方面，当然，不同的学者这两方面的相对强弱不一，当然大多数情况下学术贡献是基础，并且主要依靠学术贡献，比如前文所论的大多数学者。当然也存在有的学者学术贡献一般但人格影响力特别高从而也能产生重大影响力的情况，这种比较罕见，而且需要特定的环境和条件。蒂特马斯属于比较少见的两者都很强的案例。在学术上，他扩展了福利国家的定义，将财税系统和职业年金中的收益也纳入了福利国家的范畴，提醒学术界关注中产阶级从公共支出中获得的好处，创造了很多新的研究问题。其后的布莱恩·艾尔伯-史密斯（Brian Abel-smith），彼德·汤森（Peter Townsend）和大卫·唐纳森（David Donnison）等学者都是典型的蒂特马斯路径的继承者。这种研究具有意识形态上的意义，它不只是在支持国家扩展福利干预的范围，也在通过提醒当时越来越多的中产阶级注意到自身在福利国家中获得的好处来扩展保卫和发展福利国家的同盟军。在人格魅力上，蒂特马斯贫寒出身、没上过大学而通过个人奋斗成为第一位社会管理教授的经历本身就是一个重大的加分项，同时，他热衷于参与当下的社会福利建设和改革，极力宣扬对底层苦难的关注和对平等的热情，还始终保持简朴的生活方式，这些吸引了相当多的年轻学者成为他的追随者。

与大多数同时代的英国社会政策学者不同，蒂特马斯很少讨论经济政策或竞争性市场的相关问题。他只会偶尔批评上述两者的目标和后果，比如他认为强制性社会服务的短期功能之一就是来补偿竞争性市场制度的波动使人们遭受的痛苦。他还认为在由资本主义向社会主义制度的转变过程中，再分配性的社会政策也扮演着重要的推动作用。蒂特马斯同凯恩斯一样，也有许多学术上的追随者，形成了“蒂特马斯学派”，后者影响政策的方式同“费边社”一样而和凯恩斯学派不同，主要对政党而非官僚机构进行“渗透”，他们中的很多人都成为工党的顾问，同工党主管社会福利事务的大臣克罗斯曼、克罗斯兰和芭芭拉·卡斯特尔等人直接接触。当然，通过对政党而非官僚机构进行影响并不一定是有意识的选择，而很大程度上是由其学术性质所决定，蒂特马斯学派和“费边社”都具有强烈的政治价值倾向，而凯恩斯学派的成果主要是外行难以理解的经济工具，政党主要由政治家和政客构成，更需要鲜明的旗帜和有感召力的社会活动家，而官僚机构更需要专业技术人才。聚焦于影响政党的后果之一，就是其影响很容易随着政党的下台而迅速消失，蒂特马斯派的思想就是如此，比如其建立统一的国民养老金的提案就随着工党政府的下台而夭折。蒂特马斯的学生热衷于开展社会运动，比如部分学生在 1965 年成立了儿童贫困行动小组，成为了重要的抗议组织。同之前的思想派别一致，蒂特马斯学派也创办了一个《社会政策月刊》作为该派研究者和教师们的论坛，宣传其政策主张。

三　马歇尔的社会福利思想特征

T. H. 马歇尔是蒂特马斯的同时代人，他在 20 世纪 30 年代曾深涉关于民主社会主义的未来的讨论，是埃文·杜尔宾（Evan Durbin）的密友，还曾作为工党的候选人。他是第一位系统阐述现代福利和公民权理论的多元主义者，很难简单地将他的思想归入任何传统流派。马歇尔试图探索如何在一个自由的社会中协调民主、社会主义和福利各自不同的要求①。与蒂特马斯的一元模型不同，马歇尔提出“民主

---

① Marshall，T. H.，*The Right to Welfare*，London：Heinemann，1981.

的福利资本主义”模式。在这种模式下，“公民权会限制自由市场导致的不平等倾向，而市场和一定程度的经济不平等对于财富的生产和政治权利的维持也是必要的”。

马歇尔认为贫困与不平等是两个问题。前者是一个毒瘤，必须加以切除，而社会福利与资本主义的结合是实现的唯一道路。后者则是一个关键的器官运行不良。在混合福利体制下，集体主义福利政策与竞争性市场的运行目标当然会有很多冲突，但它们之间的持续冲突则是使社会实现一种动态平衡稳定的源泉之一，至于其实现机制是不能用纯粹的逻辑推理来解释的。这体现了马歇尔对英国政治学的权力分立制衡和经验主义传统的继承。

乔治（George）和威尔定（Wilding）把马歇尔描述为费边社会主义者，而丹尼斯（Dennis）和海尔希（Halsey）认为他是当时道德社会主义的六位代表人物之一。就算笼统地将他归类为社会主义者，而他对资本主义竞争性市场的认可只能使他被称为“市场社会主义者”。而他的公民权概念又是古典自由主义式的，和社会民主主义与新自由主义的理念都不相符。他始终坚持中间道路的社会政策，他认为经济权、政治权和社会权都表达了不同维度的福利，除非在同时保障一定水平的自由与安全的前提下综合权衡后认为所得大于所失，否则不应该随意牺牲某些维度来扩展其他维度。马歇尔于 1981 年去世，当时的保守党对福利制度的改革带有显著的福利多元主义倾向，如内部市场（Internal Markets）和政府购买行为的大量使用。而学术界随着公共经济学的流行和新公共管理运动的开展，产生了一系列在社会福利各方面探讨多元化和混合模式的研究。

四　修正主义的失败和工党指导思想激进化

修正主义的思想和势力的影响曾一度在工党内十分显著。1957 年工党的政策声明《工业与社会》吸收了一些修正主义的观点。1959

年工党竞选宣言新增了“我们的社会主义伦理”内容，强调社会主义信仰人类生而平等，这就明确抛弃了阶级对立和斗争理论。还声称要建立一个大众享有充分闲暇的美好社会，这直接借鉴了克罗斯兰淡化阶级对立以吸引全体选民的“美好社会”的设想。

1959年工党再次大选失败，以党的领袖盖茨克尔为首的右派将大选失败明确归咎于工人阶级政党的形象以及国有化政策，与会人员提出修改党章第四条、更改党名为“劳工与改革党”、弱化工党与工会的联系和与自由党联盟等右倾主张。右派的主张不能说没有群众基础，因为根据大选后的选票统计，即使投工党票的选民也有41.7%的人反对进一步国有化①，投保守党票的选民自不必说。然而，在之后的工党年会上，盖茨克尔提出的修改党章的提议却遭到失败。他认为工党应该更强调英国的民主社会主义基本和首要的原则，包括更平等的财富分配、对社会公正的信仰、关心弱势群体和被压迫者从而探索建立一个没有森严壁垒的社会等。盖茨克尔的主张遭到左派的严厉抨击，富特强调工党区别于保守党的特点，认为盖茨克尔的演讲很多内容会得到保守党的赞同，而只有组织起全社会的资源才能达到社会主义的目的，这是不容讨论的基本信念。比万则坚持社会秩序可以通过计划从而更完善的观点，在愈发复杂的现代社会，放任私人经济自下而上冒险和探索更加不可能形成一个合理的秩序，同时强调作为社会主义者，公有制就是一种信仰。同时，大多数重量级工会和地方党组织也纷纷召开特别会议否决盖茨克尔的决议。如此强烈的反对声音迫使盖茨克尔不得不放弃了修改党章的建议。虽然修改党章的运动失败，但修正主义派别的力量已经十分强大。为了避免党的分裂，工党大会以压倒多数通过并发布了一个各派妥协下的产物“民主社会主义的基本的首要的原则”声明，或者叫作“新信仰声明”。随着盖茨克

① Coates K., ed., *Common Ownership: Clause IV and the Labour Party*, Nottingham: Spokesman Books, 1995, p. 45.

尔在 1963 年逝世、克罗斯兰在 1977 年逝世，修正主义者在党内失去了最有力的代表，左翼力量相对增强，他们反对党内试图寻求中间道路的举措，认为那是对社会主义的背叛。工党的思想意识形态向左转，开始接受一些激进的社会福利理念，比如迅速扩大再分配、推进结果平等，以及认为应当单方面削减国防开支以加强社会保障投入等。

五　保守党社会福利理念的转变

保守党社会福利理念的转变是战后长期福利共识的另一重要基础，也是工党政府建立的福利国家在工党长时间的下野阶段能够继续保存并能有所发展的前提条件。保守党在 1945 年大选失败后吸取教训，由保守主义政治中心赞助发起了一场规模巨大的政策反思运动，运动的主要任务被交给了团结小组（One Nation Group）以及伊诺克·鲍威尔（Enoch Powell），伊恩·麦克劳德（Iain Macleod）和安格斯·莫德（Angus Maude）。他们提出了支持国民保健系统、维持充分就业和扩充公共住房计划等和艾德礼政府方向一致甚至更“左”的政策建议并在 1950 年保守党年会上被通过。当然，保守党政策并非全盘抛弃了自身特质，他们仍然建议社会保障供给应辅之以更多的家计调查，当然，这既符合保守主义的防止国民道德堕落的传统，又迎合了保守党的纳税选民们的诉求，还可能是吸取了艾德礼政府财政入不敷出的教训。

团结小组希望抑制福利制度集体主义的倾向，鼓励福利选择的多样性。然而它并没有对战后初期的福利制度框架提出大幅改造计划。随着经济事务学会及其他右翼智库相继成立，日后的新右派开始萌芽。新右派的主张虽然在 20 世纪 70 年代之后逐渐成为保守党的核心指导思想，但他们的政策观点更多衍生自 19 世纪的古典自由主义思想家的主张，与他们创作时保守党政府的政策方向联系较少。新右派思想的代表人物有哈耶克、弗里德曼、利斯、塞尔登和朱克斯等，其在社会福利领域的核心主张是反对中央计划和福利集体主义，降低福利国家的水平。

前文提到保守党领袖麦克米兰，他20世纪30年代的著述就系统阐述过深受凯恩斯主义影响的中间道路思想。在1957年担任首相后，他的一系列政策与他之前的论述颇为符合，体现出与工党的政策共识。然而，在经济危机的背景下，保守党内对于政策方向开始出现裂痕。1958年，因为反对麦克米兰坚持积极的财政政策，财政大臣辞职，这标志着保守党内政策共识的瓦解。希思在1970年担任首相后曾试图进行某种程度上向右转的改革，但由于新经济危机的爆发所导致的滞胀和严重失业，加上新右派思想还未在党内占据主导地位，改革夭折。保守党在大选中失利以及严峻的经济形势使新右派的力量在党内迅速发展，1975年撒切尔夫人成为领导人，标志着新右派思想在保守党内赢得主流地位，而从20世纪30年代末开始的试图在自由主义和集体主义间寻求中间道路的探索到此中断。

第二节　福利国家发展时期工党社会福利政策特点

1945年大选失败后，保守党开始进行党内改革，逐步接受了大力发展社会福利和对经济进行一定程度干预的理念，开始夺取工党的传统选民。1951年大选，保守党承诺每年建造30万套住宅，远高于工党每年建造20万套的计划，这对保守党选举获胜起到很大的推动作用。保守党对既成的英国格兰银行和煤炭等领域的国有化都表示接受，同时对福利国家建设也颇为热心，所以“巴茨克尔主义”① 一词

---

① 由当时的保守党的财政大臣巴特勒（H. A. Butler）和工党财政大臣盖茨克尔（Hugh Gaitskell）的姓拼凑而成的词语，调侃两党当时的政策理念趋同的现象。

应运而生。而面对新的社会现实和保守党的变化，工党党内分歧和斗争严重，既无法继续推行更加激进的社会改革，也无法倒向市场和资本一边，左右摇摆，提不出有创造性和吸引选民的政策，大选接连失败，直到1964年才在威尔逊领导下再次上台执政。

在艾德礼的继任者盖茨克尔于1963年英年早逝、威尔逊成为工党领导人后，工党数次赢得大选，某种程度上得益于威尔逊搁置意识形态争议而强调形而下的政策领域的具体方针对策的策略。他在领导工党执政后一方面强调通过“五年计划”来发展经济，这在西方资本主义国家十分少见，而“计划化”除了部分行业的国有化外，还强调了很能取得民心的通过集约资源大力发展属于社会福利领域的卫生和教育；另一方面抓住了时代风潮大肆宣传推进“科学革命”，提出工党“要以社会主义来充实科学，以科学来充实社会主义”，要利用科学革命来证实社会主义信仰的正确性，回避社会主义和资本主义概念的争议，将社会主义与科学联系起来，与科学所能带来的愿景和红利联系起来，从而凸显社会主义的先进性和现代性，增加选民的好感与支持。在社会阶级划分作为十分显著的话语体系的英国，威尔逊被认为是新的“技术专家治国论”者，从而赢得了跨阶级的普遍好感。

然而，政策在选民心中的形象最终是由政策效果决定的，威尔逊的一系列政治经济社会政策最终并没有带来其所宣传的效果，而英国的社会经济形势反而愈发恶劣，通货膨胀、失业和罢工愈演愈烈。工党在1970年下野后，党内传统派逐渐占了上风。《工党1973年纲领》批判了威尔逊政府的保守作为，认为工党政府的经济政策不能停留在混合经济上，应该进一步推进国有化，并且扩大财富和权力的再分配，取消特权，促进社会平等。1974年工党竞选宣言也提出扩大国有化。左翼还提出控制进口、继续提高公共事业开支和退出欧洲经济共同体等诉求①。然而，激进的社会改革在当时已经越来越得不到变化了的英国选民的支持，1976 年，卡拉汉接替威尔逊出任首相，1977 年，工党又丧失了多数席位，此次它不得不与自由党和苏格兰民族党联合组阁。在严峻的经济形势和激烈的劳资冲突面前，工党内斗不断，拿不出有效的应对策略，而工会领导的罢工斗争愈演愈烈，从而在 1978 年—1979 年“不满的冬天”之后在政府不信任案投票中失败并进而输掉了 1979 年大选，从此开始了长达将近 20 年的在野，撒切尔夫人领导的保守党上台并长期执政，开始执行在新保守主义和新古典自由主义指导下的大刀阔斧的经济社会改革，“共识政治”时期正式结束。

此阶段工党社会经济政策的左右摇摆和难有建树的特点也集中表现在社会福利政策上。福利国家建立后，社会保险给付水平不断提高，然而财务状况却不断恶化，同时，由于物价上涨，导致领取国民救助的人大大增加。工党政府开的一系列药方都没能有效解决上述问题，而且其推进更加平等化和集体主义的社会民主主义改革目标也在现实政治斗争中不断受挫，不得不在党的目标、民众诉求、工会斗争与资本力量之间平衡与妥协，这集中体现在养老保险改革问题上，在医疗和教育等问题上也有所体现。

一　养老金改革的曲折往复

养老金改革始终是社会福利政策争议的核心问题，二战后随着老龄化的加速发展其愈发成为民众关注和各方角力的焦点，工党内部对于养老金改革方向的态度起初大相径庭，但最终在政策实践上一波三折，往复与妥协并存。当时的等额缴费等额待遇的国民养老金虽然体

---

① 跨国资本流动是妨害工会运动能力的重要因素，国家福利只是社会福利的一部分，国家之外的福利水平很大程度上是由工会运动能力决定。

现出平等性，但由于缴费和待遇水平都过低，且为现收现付制，因而资金紧张，需要财政输血，所以财政部更不敢同意提高其缴费和给付水平，只敢按照低收入者的能力将其维持在最低水平。这样导致的结果就是对于低收入者而言，国民养老金不够生活所需，进而导致大量的社会救济需求，而对于中高收入者而言，国民养老金由于数额太小，没有投资和储蓄的意义，因而也对其评价较低。虽然保守党政府在1951年再次执政后几次上调了国民年金待遇，但仍然未与工资或物价水平挂钩，所以收入不断提高的工人阶级更多地开始参加由雇主建立的职业年金计划。参加该计划的工人在二战前仅有13%，而在1956年已经发展到33%①。在野的工党于1955年成立了社会福利委员会，社会民主主义者蒂特马斯就在其中。社会福利委员会于1957年发布《国家养老金制度：工党关于养老保障的政策》，该报告希望整合现有的国民养老保险和职业年金两大系统，认为原先两者应该分别承担一半的平均收入替代率，后者为收入比例制缴费，增加高收入者的缴费以缓解财政状况，这体现出扩大再分配的社会民主主义倾向，遭到执政的保守党政府反对而未通过。保守党政府虽未接受该报告，但在第二年发布的《养老金制度白皮书》里认可了工党建立收入关联的养老金制度的计划，不过不是合并原有的两个系统，而是在保留两个系统的基础上另建一个收入关联养老金计划。保守党政府的理由是基础国民年金等额缴费和等额待遇的特点体现的是国家与民众之间的平等契约精神，若将收入关联养老金与之合并，则变成了劫富济贫的制度，会产生不良的政治影响。1959年，新的《国民保险法》正式颁布，保留了同一比例的国民基础养老金，同时建立收入关联的养老金计划，采用时段收入制，对某一收入区间的收入按照收入比例

① 郭静：《政党轮替的政策价值——英国社会保障政策的政治分析》，中国社会科学出版社2010年版，第46—47页。

累进缴费和享受津贴，低于和高于该收入区间的收入采用较低的均一比例。由于以人寿保险公司为代表的资本势力强大，导致无论工党提出的方案还是保守党最终通过的法案均规定如果已经参加的职业养老金达到了规定标准，就可以不参加收入关联的养老金计划，国家对职业养老金和国家养老金都有税收优惠。这就导致许多高收入者及企业都继续参加由私有保险公司主办的职业年金计划，这部分人的资金并未进入国家举办的收入关联养老金计划，所以限制了通过建立该计划以改善国民养老金制度资金状况的效果。不过还是有一部分职业养老金逐渐被纳入国家干预的范围内。职业养老金的参加人数不断增加，而总体对替代率的贡献比例也是高于国家养老金的。

表 2　　20 世纪 50 年代工党内部对养老金改革的初始态度分野

	重点制度	资金模式	改革方向
传统左翼	扩大基础国民年金	现收现付为主，加大统筹和财政投入	并轨
修正主义者等右翼	发展职业年金和私人储蓄计划	基金积累为主，制度间不统筹，社会救助兜底	多支柱

收入关联养老金计划的建立过程充分体现出 20 世纪 50 年代以后，虽然工党与保守党继续推进着“中左共识”下的福利国家建设，但自由主义和保守主义开始逐渐扭转与达到高潮的社会民主主义斗争中的劣势，不但保守党在重获政权后其右翼势力开始复苏，而工党内部的修正主义力量在社会福利政策领域也开始更多地受到资本力量的影响。保守党执政时期，养老保险缴费和给付水平不断增加，然而，养老保险并没有很好地起到满足退休人员需求的作用，随着国民保险的发展，领取国民救助的人数并未减少反而增加。工党 1964 年大选宣言指出，每 4 名国民养老保险领取者中就有 1 位领取家计调查的社

会救助，工党于1964年上台后，继续提高水平。工党政治家克罗斯曼认为，当时的社会舆论普遍对现收现付制的均一比例的养老金不满，普遍希望增大收入关联养老金制度的比例来增加养老金积累和为养老金制度增加活力。1968年，工党政府废除了养老金和国民保险部，和医疗健康部门合并成立了“健康与社会保障部”，任命克罗斯曼为部长。克罗斯曼对养老金制度进行调查并提出了改革方案，方案内容包括增加收入关联养老金适用收入水平的上下限等。该方案顺利在内阁通过，但还未来得及提交议会表决，工党就在大选中再次失败下野。1970年保守党上台后，立即提出“储蓄养老金计划”，该计划提出每个人都应该有机会得到与收入关联的养老金，但应该且能够通过改进和扩大的基金积累制的职业养老金制度来实现，而不是通过工党的扩大国家干预下再分配的现收现付制的国民养老金来实现。这样的政策对于老年人和正在工作的人们才是公平的。工党的政策导致人们的养老金“主要依靠下一代人支付养老金的意愿的程度”，而保守党的政策将使养老金“将来的大部分开支通过真正的节约和储蓄来解决”①。保守党政府在1973年通过的《社会保障法》中，开始采用以总体物价水平为依据评定养老金缴费与待遇标准的评定办法来代替过去的多因素混合评定办法。然而，同之前的工党政府一样，该届保守党政府也很快下台，未来得及实施储蓄型养老金计划。工党政府于1974年重新上台后，健康与社会保障部大臣芭芭拉·卡斯尔认为储蓄型养老金计划是一种低等的养老金，并推动议会废止了该计划，然而这个废止行动的民意基础并不坚实，废止议案仅以两票的微弱优势通过。卡斯尔并不否认私人养老金计划存在的必要性，但她认为不能放任雇主任意建立五花八门的私人养老金计划，应该制定私人养老金计划的国家标准和审批制度，不能达到标准的私人养老金计划不能被批

① 丁建定：《英国社会保障制度史》，人民出版社2015年版，第355页。

准以维护职工的利益。工党将 1973 年社会保险法中养老保险的“物价原则”改为了“收入原则”，养老金津贴水平的评定不再主要与总体物价水平而是更多地和总体收入水平联系。工党保留了收入关联养老金制度在时段收入制基础上与基本养老金制度相联结的制度。同时也保留了职业养老金对收入关联养老金的替代性，不过严格了职业养老金的标准和审批制度。显而易见，在养老金问题上，工党最终放弃了其最初将私人部门举办的职业年金统统整合进国家建立的扩大再分配的收入关联的现收现付制的国民养老金的政策主张，而是认可了前者的发展，保留了既有的现收现付与基金积累、国家主办与私人主办的多种制度共存的格局，从思想倾向上看，这是社会民主主义理念对工党影响的后退和自由主义理念的回归。

二　医疗卫生体制的微妙调整

国民健康服务体系建立伊始就面临着财政负担巨大的问题，同时，医院和医生都短缺，医疗资源分布严重不均。工党领导层内部对于是否坚持按照开始的设想完全国有化和免费这个问题上发生了巨大的争议，国民医疗服务体系的铸造者和坚定的左翼卫生大臣比万甚至为此愤而辞职。在接下来的二十几年里，该体系对财政的压力呈不断上升的趋势，而由于福利刚性带来的政治上的考量，无论保守党还是工党政府都并未对其进行颠覆式的改革。一些小修小补既有倾向于保守主义和自由主义的政策，如减轻财务压力和激励医生，工党政府在 1968 年恢复收取牙科费和处方费，两党执政时期都不同程度扩大了医生开设私人诊所和收费的自主权；也有倾向于社会民主主义的政策，如划拨大量财政补助医患比例低的地区，推进医疗资源的地区分布平等化，适度缓解拥挤状况。

三 教育体制改革的理念差异

教育领域工党政策同保守党的价值差异相当明显，并且显著体现出思想意识形态色彩。第一，在大力发展国立教育方面，保守党更为积极。首先这和保守党重视教育的理念相关，因为有着贵族社会传统意识和社会中上层出身的群体往往会倾向于将自身的成就归因于受到良好的教育，而将社会弱势群体的失败归因于受教育不足，而保守党又比工党更加在意国力强大和虽然已不存在的所谓“帝国”荣耀，所以自然认为普及国立教育、提高更多的英国人的素质是让已经实现的普选权为国家强盛发挥正面作用、为充分就业提供合格的人力资源基础和解决种种社会问题的基本前提。其次这也是保守党赢取民心不得不采用的策略。因为在福利国家体系中，国民保险和免费医疗等项目已经被工党捷足先登，在民众心中被记在工党名下，所以保守党就只能在其他领域寻找突破口。住房问题由于经济环境的限制和大多民众能够切身感受，很可能吃力不讨好，普及教育由于其实际效果成年选民并无切身体会且不具备评估能力，所以至少在表面上比较能立竿见影。相形之下，工党由于始终面临阶级党还是全民党的纠葛，而且在那个时代工会力量在工党内部还很强大，所以首先对抽象的国家荣耀没有保守党那么巨大的热情，同时本身对教育问题也没有保守党那么重视。第二，在基础教育是否朝着综合化方向发展的问题上，工党持支持态度，而保守党则强烈反对。这一点上就鲜明地体现了两个政党的阶级利益差别。工党更多地代表中下层民众，所以希望通过综合性学校将青少年教育质量平等化，而保守党更多地代表社会中上层，希望学校继续维持等级划分，从而维持教育领域的阶层固化。1965 年 7 月，时任威尔逊工党政府教育大臣的安东尼·克罗斯兰签发通告要求结束 11 岁考试选拔制度[①]，取消中等教育分轨制，开办综合学校，以结束 11 岁“一考定终身”的状况，使学生在 15 岁受完一致的中等教育之后再考虑今后发展。此政策得以贯彻实施，到 1970 年，综合学校的学生人数已经占到在校中学生总数的三分之一。第三，此阶段保守党政府还大力发展高等教育，而工党政府则在职业教育上成果斐然。20 世纪 50 年代保守党教育大臣戴维·伊克尔斯（David Eccles）提出了比战时联合政府的教育大臣巴特勒更加宏大的发展教育的构想并致力推行，此时期，英国官方和民间的各种致力于发展教育的委员会如雨后春笋般成长起来，开展了数量繁多的活动并发表了一系列报告，反过来也推动了政府教育投入的大大扩张。其中由经济学家罗宾斯任主席的罗宾斯委员会的报告提出了到 20 世纪 80 年代初使大学生人数翻一倍的目标。《罗宾斯报告》产生了持续的影响，而英国高等教育确实从 20 世纪 70 年代起飞速发展，大学生占总人口的比例从 20 世纪 70 年代的 2%一直发展到 20 世纪末的 30%以上。保守党的高等教育补贴政策也深受《罗宾斯报告》的影响，该报告认为政府补贴应直接发给学生而非教育机构，从而避免教育机构的低效率和潜在的对学术自由和学生创造力的控制的危险，应该让优秀学生带着奖学金和助学金来选择教育机构，让教育机构而非学生来竞争奖学金和助学金，从而促进优秀教育机构的发展。在威尔逊政府“用科学革命发展社会主义”的大政方针下，教育领域也开始广泛利用广播、电视等先进科学技术，同时，由于工党政府更加重视工人阶级的利益，而且已经深刻认识到熟练劳动力的缺乏是阻碍经济发展和愈发严重的失业和罢工等社会问题的根源，于是大力发展职业技术教育，而职业教育的目标群体由于很多无法实现全日制学习，就正好可以利用广播、电视

---

① ［英］阿瑟·马威克：《一九四五年以来的英国社会》，马传禧等译，商务印书馆 1992 年版，第 155 页。

等先进技术建设采用函授等远程教育手段的“开放大学”和“空中大学”，这类学校得到了大力发展。综上所述，此阶段工党和保守党关于教育政策的立场和做法分野十分明显也十分典型。

表 3　　20 世纪 50—70 年代工党与保守党的教育政策倾向对比

	基础教育	其他教育
工党	推广综合中学	发展职业教育
保守党	保留分级中学	发展高等教育

第三节　福利国家发展时期思想影响政策的场域

此阶段，影响工党的社会福利思想呈现修正主义与传统左翼的分野的格局，工党的社会福利政策也开始受到这种思想斗争的影响，福利国家出现的问题日益增多，福利国家虽然继续发展但曲折往复。下面将分析此阶段思想影响政策的场域。

一　经济增长短暂黄金时期及其结束

（一）二战后经济增长黄金时期及其结束

第二次世界大战结束后，西方资本主义世界整体经历了一个经济增长的“黄金时期”，这是西欧福利国家纷纷建立和发展的经济基础。然而，相较于欧洲大陆的联邦德国、法国和北欧各国一直持续到 20 世纪 70 年代甚至更久的经济增长，英国经济早在 20 世纪 50 年代就开始出现“停滞膨胀”的征兆。在战后初期的帕累托改进阶段过后，没有有效的经济增长剩余维持工党的福利承诺，工党政府同保守党政府一样，开始尝试限制工资增长、收紧福利享受条件、取消部分免费福利等削减支出的政策，然而这些政策未能改善英国经济。20 世纪 70

年代的石油危机引发了全球性经济危机，凯恩斯的需求管理政策失灵，而凯恩斯主义是修正主义的重要理论支柱，所以修正主义遭到了重大打击。到了 20 世纪 70 年代，英国工业增长率降低到 2 个百分点以下，而同期欧洲大陆的法国、联邦德国和意大利的工业增长率都在 2%以上，欧洲共同体对经济增长的促进作用开始显现。虽然英国经济增长率低迷，但通货膨胀率却居高不下，进入了“滞胀”状态。凯恩斯主义的核心要义是：或者增加财政投入（高通胀）以刺激经济增长和促进充分就业，或者牺牲一定的增长率和就业率以缓解通货膨胀，而“滞胀”的出现和维持则标志着凯恩斯主义的失灵，其实也就瓦解了英国战后工党与保守党“共识政治”的经济理论基础。

（二）工党国有化政策效果不理想

同时，工党多年的国有化经济政策之实践结果并不理想。很多企业被国有化之后开始亏损，大大增加了财政负担，使选民对国有化方案失去了信心。同时，国家对不断增长的福利开支越来越难以支持，而国家大包大揽社会福利的做法之效果也越来越受到质疑。20 世纪 70 年代，在社会保障开支中，国家支出的费用增长了 3.49 倍，同时期，雇主承担的费用增长了 2.99 倍，雇员为 1.97 倍。[①] 国家投入比例不断增大而社会福利领域的问题却并未得到解决或缓解，领取各种救济和津贴的人口比例不断增加[②]，同时纳税人对沉重的税收负担也愈发不满，但工党坚持不修改党章的公有制条款，同时又在社会福利领域拿不出有效的改革方案，导致人们开始将种种经济问题归因于福利国家本身。

二　社会阶层结构的变化

在此阶段，对工党社会福利政策的思想倾向影响最大的社会现

---

① 赵立人编：《各国社会保险与福利》，四川人民出版社 1992 年版，第 78 页。

② 丁建定：《英国社会保障制度史》，人民出版社 2015 年版，第 366—367 页。

实，就是劳工阶层的大量“中产阶级化”。近代以来，英国本土比较欧洲大陆其他国家和地区相对稳定，社会变革大多具有保守和温和的特点，在政治社会文化领域保留了许多封建社会和贵族社会的元素——其中之一便是阶层分化的程度较深、稳定性较强，且人们对于阶层及身份问题较为敏感、认同度较高。1688 年，英国王室就将该国人口划分为 26 个等级①，随着工业革命的开展和资本主义的发展，英国社会阶层朝着集中分化的方向发展，慢慢形成了我们熟悉的三级结构：绅士阶级（贵族）、市民阶级（资产阶级）和工人阶级。而随着第二次工业革命的开展和政治文明的进步，第一层级同第二层级的界限越来越模糊。伴随着老的第一层级和第二层级的模糊化，发生的是从中重新分化出新的第一层级和第二层级，即资产阶级和中间阶层。

在第二次世界大战之前，数量最多的始终是以工人阶级为代表性力量的第三层级，中间阶层一直处于人数较少且（更重要的是）政治上不重要的地位。

20 世纪中叶以来，情况发生了根本性的变化，传统意义上的产业工人阶层和无产阶级逐步减少，其中的相当一部分上升为传统意义上的中间阶层，由于股份制的普及及所有权和管理权的分离（即所谓“经理革命”），很多平民百姓也开始分享生产资料。于是，中间阶层成为了一个自我和社会认同度很高的中产阶级。同时，资产阶级这一名称如果按照传统标准看来则被解构，大量实质上并无管理权的股东可能也在占有生产资料。他们可能是各种专业人士，也可能是工人或其他身份，而享受巨大权力的企业管理者往往却是在被别人雇佣，而且从理论上讲还可能是被掌握股权的他的下属们雇佣。具体而言，变化主要体现在：第二产业从业人员比例从 20 世纪初的 75%，下降到 1945 年的 60%，迅速下降到 1980 年的不到 35%，到 21 世纪以后则下

---

① ［英］理查德·斯凯思：《阶级》，雷玉琼译，吉林人民出版社 2005 年版，第 31 页。

降到20%以下；同时，第三产业不断发展，从业人员比例不断加大，1980年时就已达到62.8%，到21世纪后则上升到80%左右；[①] 白领（非体力劳动）雇员大大增加，比例逐渐超过蓝领（体力劳动）工人；工人阶级的实际工资大大提高，绝对贫困状况大大减少；工人阶级的受教育程度普遍提高。社会存在决定社会意识，到了20世纪50年代末，英国已经有半数人口认为自己属于中产阶级[②]（而在20世纪初，工人阶级占到总人口的四分之三[③]）。由于社会急剧变化，如何划分阶级的客观标准本身存在争议，所以究竟有多少人真正属于中产阶级，这个问题本身就无法有广泛认同的答案。但是，人们的主观自我认同如何十分重要，这会作用于人们对政治话语的反应，进而影响到对实际利益的选择。

到了20世纪50年代以后，人们的财富和权力占有状况不只受到生产资料占有状况的影响，越来越多取决于职业因素，不占有生产资料的受雇佣的高级管理者的收入、财富和权力、声望可能经常会全方位高于占有生产资料且雇佣他人的小企业主、小地主或小商户，而且仅在生产劳动中的权力状况而言，不占有生产资料的受雇佣的经理也可能比持有公司小额股份的股东在实质上更有权力。因此，英国社会阶级之构成变化就不是仅仅体现在量上，讨论这个问题也不是在玩文字游戏，它有着重大的实质意义。

上述变化对于工党的社会福利思想变迁之意义非常重要，因为其选民的阶级基础发生了根本性的变化，这必然会导致其利益诉求结构发生根本性变化。在20世纪50年代以前工党基本上是一个代表工人阶级的政党，这一点基本上毋庸置疑，其在1900年初创时名为“劳

---

① 张志洲：《英国工党社会主义意识形态变迁研究》，社会科学文献出版社2011年版，第190—191页。

② Bill Simpson, *Labour: The Unions and the Party: A Study of the Trade Unions and the British Labour Movement*, London: George Allen and Unwin, 1973, p. 109.

③ 钱乘旦等：《日落斜阳：20世纪英国》，华东师范大学出版社1999年版，第183页。

工代表委员会”（Labour Representation Committee），就强调了“劳工”（labour）一词，而在1906年更名时，社会民主联盟希望正式名称为“社会主义党”，但被工会力量占主导的工党大会否决，最终命名仍然强调“劳工”一词。而工党之所以能够迅速崛起并取代了老牌强党自由党的位置，进而成为英国议会两大党之一，就因为其争取到了人数众多和力量强大的工人阶级及工会运动的支持。然而，在二战之后，随着传统工人阶级比例的迅速缩小以及工人阶级成员本身由于生活境况变化而导致思想观念变化，其对工党的支持力度开始发生变化。且不说传统工人阶级选民在全体选民中比例的下降，即使是传统体力劳动者本身的投票倾向也发生变化。英国大选调查机构的历史数据显示，在1963年，被调查的体力劳动者选民有65.1%表示会投工党的票，而到了1970年，这一数字下降到57.1%，到了1983年，数字下降到42.6%，到1992年略有回升，达到49.6%，具体看来虽然有升有降，但这三十多年总的变化趋势是在下降。同时，体力劳动者对保守党和自由党以及其他党的投票倾向都有不同程度的上升。同一系列的调查显示，中间阶层和非体力劳动者以及职业与经理阶层的选民对工党的投票意向在这三十多年虽然都有所波动，但总体而言基本稳定，从长期看没有明显变化。[①] 那么，综合以上统计数据，以及体力劳动者比例减少和非体力劳动者与中间阶层比例增加的事实，工党的阶级基础确实遭遇到了危机。这是导致其思想意识形态发生危机和最终被迫发生变化的基本原因。

需要注意的是，阶级结构的变化从根本上看是生产力和经济水平发展的结果，但也在很大程度上源自福利国家建设。一系列消除贫困、扩大再分配、产业升级和提高人口素质等取向的社会福利制度的

---

① 张志洲：《英国工党社会主义意识形态变迁研究》，社会科学文献出版社2011年版，第196—197页。

建立和发展助推了大量底层民众实现阶层上升，使得英国传统工人阶级的比例越来越小。20 世纪 80 年代后，英国社会的“后工业化”特征进一步显现，传统产业的从业人员比例进一步缩小①，第三产业从业人员比例进一步增加。撒切尔夫人领导的保守党政府推行的公共住房私有化政策也使“有产者”比例上升。与之相伴的是，英国社会和学术界不按生产关系来划分阶层和鼓吹“无阶级社会”的思潮影响甚大。20 世纪 90 年代流行的“戈德索普/国家统计局图示”将英国阶级分为了服务阶级、中间阶级、工人阶级和底层阶级：服务阶级包括中高级的经理、政界人员、行政人员和专业人员，中间阶级则包括低级职员和小业主，工人阶级窄化为各种体力劳动者，底层阶级则指无工作者等长期以来享受国家福利的人。这一划分标准已经完全无视隐蔽的生产关系，仅从表面的收入状况、生活方式和资本主义话语下的职业声望来划分阶层。剥削者摇身一变，成了服务人员的一部分。这种资本主义的隐蔽话语控制在那段特殊时期十分成功，获得了很多民众的认可，且客观上起到了一定的重建社会团结的作用。当然，不论是工人阶级还是中产阶级中的大部分，都在福利国家的建设和发展中直接或间接获得了大量利益。所以，上述群体中的中上层开始反对进一步扩大再分配和加强国家干预的政策，但整体上对既有的福利国家还是持支持态度。尽管阻碍福利国家继续发展的力量越来越大，但福利国家仍然在曲折发展。

三　工党领导层的长期“左右摇摆”和保守党右翼得势

（一）工党领导层的长期“左右摇摆”

从上文对社会基础的分析已经得知，工党选民的阶级结构发生了

---

① 英国选民该领域人员比例更小，因为随着全球劳动力流动加快，体力劳动者和传统产业从业者加入了很多外籍劳工，他们不具备选举权，所以对政党政策影响较小。

翻天覆地的变化，同时，工党议员的阶级结构也发生了巨大的变化。产业工人出身的工党议员的比例在20世纪初占到将近四分之三，而到了20世纪中叶以后，下降到不到一半并继续降至三分之一以下，同时，工党于1906年首次进入议会的几名议员没有一名受过高等教育。，而到了1979年，工党议员中已经有57%受过高等教育。[①] 传统工党的组织结构复杂，参加的各个团体（“费边社”、工会和独立工党等）都有一定程度的独立性，工党的领导机构（工党领袖、工党主席、议会党团、全国执委会、全国执委会与议会党团执委会联席会议以及影子内阁等）之间也有权力运行机制不畅，权威机构多重化等问题。在麦克唐纳时期和艾德礼时期，由于领导人具备罕见的威望，上述问题还不突出，但在其他时期，领导人个人威望不足特别是领导群体之间存在重大对立时，这种特征就会严重影响工党的竞选和执政能力。金诺克以及后来的布莱尔通过多方面努力，加强了工党领导人的集权，集中了被一些领导机构分散的权力，斩断了自成立以来就和工会的基础性联系，废除了工会集体投票制度，使得领导人的选举变为一人一票制。

艾德礼的威望和领导层的普遍老化掩盖了党内分歧，他们陆续退休后，分歧便迅速爆发，导致很难形成高效和创新的决策。与工会的关系也限制了工党的政策选择域，面对经济困难时其束手无策：增税会招致中产阶级不满，而削减开支、整顿经济秩序则会遭到工会反对，长期处在“工会党”与“全民党”的矛盾之中。1971年，保守党政府推出新的劳资关系法案，限制工会权利，激怒了工会界，也间接拉近了工党左翼与工会及工联主义者的关系。试图以恢复经济增长

① David Butler and Anne Sloman, *British Political Facts* 1900 - 1979, London: Palgrave Macmillan, 1980, p. 168. 转引自钱乘旦等《日落斜阳：20世纪英国》，华东师范大学出版社1999年版，第22页。

为核心目标的工党领导人卡拉汉最终放弃充分就业目标并提出限制工资方案，在经济形势略有好转的情况下进一步执行上述削减开支和希望工会妥协的方案，引发了工会和左翼的不满，由此出现了一系列激烈的罢工抗议行动，撒切尔夫人领导的保守党政府趁机向工党政府发难，导致工党政府下台。

1964 年到 1970 年，威尔逊政府第一次执政期间在教育、社会保障、犯罪和民事司法制度等方面进行了很多立法，他对工业关系的改革在工会及左派的强烈反对下失败。1974 年，威尔逊领导工党第二次执政，不过未能获得议会多数席位，他以放弃工资限制计划为代价同工会达成了“社会契约”从而形成了一个刚刚过半数的政府。1977 年到 1978 年，工党和自由党的短暂合作更多的是出于政治需要而非意识形态上的亲和力。在这一时期，工党内部的意识形态冲突愈演愈烈，其推行政策愈发困难，越来越难以兑现竞选承诺。使其丧失选举信用进而丢掉选票并下野。自 1964 年起，工党就一直致力于在党内就经济政策、工业关系、工资限制政策等方面寻求能达成共识的中间道路，而由于左翼工会组织和工党联盟的领导人不断更换，工党的集体投票制度导致前者对于政策又有很大的影响力，所以导致寻求共识的努力效果不断波动。

保守党连续 4 届执政时期，克罗斯兰的中左道路和福利国家共识被新右派的新古典自由主义和新保守主义的道路和新的共识所取代。集体主义福利国家和公民权利的概念遭到从理论到实践的挑战。为了重新回到政治舞台，工党在意识形态领域进行了艰难的探索。一直进行着观念迥异的思想路线的斗争。1979 年保守党上台，撒切尔夫人就在议会演讲时明确表示，保守党将放弃向左靠拢的“共识政治”路线，回归个人主义和自由主义道路。保守党内部虽然也经常产生分歧，但很少以意识形态为纲并且分裂为长期持续对立的派别。也罕有仅针对抽象的意识形态进行大规模的论争。这本质上是因为成员的阶级属性从宏观上相对比较一致而微观上不同成员的思想又多种多样所致，与工党从宏观上可划分为几个明显不同的阶层而微观上部分阶层的思想观念又被整合得高度一致（如部分非熟练工人工会）的情况正好相反。

1979 年大选失败，工党内的左翼势力占据上风，将失败归咎于卡拉汉的右倾政策。1981 年富特成为领袖，继续推行向“左”转的政策。左右翼矛盾到了不可调和的地步，导致右翼的工党前副领袖罗伊·詹金斯和三位前大臣大卫·欧文、雪莉·威廉斯和威廉·罗杰脱离工党另组新党“社会民主党”。社会民主党带走了一部分右翼的工党党员和工党选民，从而一方面使工党内部左翼的相对力量更加强大，另一方面也使工党的民众基础变得更为狭窄。工党的 1983 年竞选宣言都提出了更加激进的公有制主张，严厉抨击了撒切尔夫人领导的保守党政府的私有化行径，表示要在更多的行业实行更大规模的国有化，并且提出单方面放弃核武器、撤出欧共体、废除上议院、扩大再分配以追求结果平等、加大社会福利投资、劳资共享权力和实现工人自我管理等主张，这些是工党左翼力量多年来的各种思想主张之集大成，结果这部宣言成为了被工党大臣和影子内阁成员杰拉尔德·考夫曼所称的工党史上“最长的自杀备忘录”，工党在此次大选中遭遇了 1918 年以来的最大失败。1983 年大选，工党得票率只有 27.6%，获得 209 个议席，而自由党和社民党联盟的得票率为 25.4%，却只获得 23 个议席。[①] 英国一直采用单选区简单多数制，这说明前者的支持者具有明显的地域集中特征（有一些群众基础好的“老代表”和选民忠诚度高的“老地盘”），也说明了激

① Colin Rallings and Michael Thrasher, eds., *British Electoral Facts* 1832－1999, Aldershot England, Burlington USA, Singapore and Sydney: Ashgate Publishing Ltd., 2000, p. 69.

进的意识形态并非全无支持者。

（二）保守党右翼得势对工党的影响

英国福利政策的独立性逐渐凸显，不再完全被“嵌入”宏观经济社会政策中。保守党一直反对工党的国有化政策，即使在“共识政治”时期，很少主动推进国有化方案，也经常给工党的国有化方案制造阻碍或者给前届工党政府的国有化成果开倒车。撒切尔夫人上台后，更是全面否定之前的国有化成果，大刀阔斧推行重新私有化的政策。然而，在社会福利领域情况却大大不同。“共识政治”时期，保守党几乎全盘接受了福利国家建设理念，在推动社会福利发展方面并不比工党消极。更有说服力的是，在撒切尔夫人当权时期，虽然大幅削减公共开支，但对社会福利领域的改革却谨小慎微。一方面，表现在直到马岛战争胜利和 1983 年连续执政后才开始着手该领域的改革；另一方面，表现在与其他领域的改革相比，社会福利领域的改革要柔和很多，除了强调私人部门和多元主体参与、减轻中央政府财政负担、抑制部分福利待遇的增长外，对于人们已经享有的福利待遇基本没有动太大手术，国家养老金、国民健康保健系统、职业培训体系等方面的公共支出仍然呈上升趋势，只是增速和之前的工党政府执政时期相比有不同程度的放缓。例外是住房和教育支出，前者改变了之前工党政府执政时期的增长趋势并大大减少，后者减少幅度不是很大，而且在之前工党政府任期内就已经开始减少，只不过程度有所加快。①撒切尔夫人领导的保守党的激进私有化和市场化改革还是起到了刺激工党激进左翼反弹的作用，后者认为种种社会问题都是前者改革的结果，因此需要采用对立的激进左翼政策来扭转弊病，这是激进左翼在 20 世纪 70 年代末至 80 年代初能够控制工党并提出一系列激进政策主

---

① 参见崔士鑫《历史的风向标：英国政党竞选宣言研究（1900—2005）》，北京大学出版社 2013 年版，第 200 页。

张的重要外部原因。

四　冷战格局和英国国际角色的变化

此阶段，最大的国际环境就是分别以美国和苏联为首的两大阵营的冷战，其影响机制十分复杂，需要从多方面进行分析。

首先，“福利国家”这一概念在很大程度上就出自冷战的需要。冷战既是经济实力、军事实力等物质实力的竞争，也是意识形态和社会制度优越性的软实力的竞争，对于后者，充斥着大量的以话语和标签为形式的人心向背的争夺。众所周知，西方国家往往将自身标榜为“自由世界”“民主社会”。而较少被人关注的是，除了使用“自由”和“民主”等字眼，“福利国家”这个概念被大肆宣扬，也有着类似的功能和目的。英国的“福利国家”一词最早由牛津大学教授阿尔弗雷德·津曼（Alfred Zimmern）在20世纪30年代从德文转译过来，他将英国、美国、英联邦国家和其他一些西方国家称为“福利国家”，其核心要义是国家和统治工具存在的终极目的是为促进人民的福利，而非当时的德意志第三帝国、意大利、日本等“强权国家”将人民作为工具来实现统治者的目标——为了后者，人民的福利可以随时作为代价被牺牲掉。“福利国家”的使用方法和对其如此定义得到了英国许多学者的认同，并且在二战后随着冷战格局的形成进一步发展和强化，成为了一种“政治正确”。

其次，西方世界反社会主义的意识形态是工党修正主义社会福利思想产生的重要原因。丘吉尔演说所称的“铁幕”的降下，这是工党思想家和领导层出现“修正主义”风潮的关键外因。战后西欧资本主义国家经济繁荣福利发展的“黄金时代”出现的原因很复杂，美国通过“马歇尔计划”的大量援助起到重要作用，而经历破坏性极强的两次世界大战及其间的长期经济大萧条之后的和平稳定环境下自发生成的“帕累托改进”效应也不能忽视，但出于意识形态斗争的需要被归因为自由市场制度的成果，这就对工党要推进公有制和国家干预的社会民主主义的经济和社会福利政策很不利——虽然保守党此时也在建设福利国家，但在意识形态上就更容易获得被欺骗的选民的支持。

再次，英国对自身国际地位定位的根本变化，是“共识政治”的重要基础。由于英国坚定地和美国保持一致，于是首先得到了美国以“马歇尔计划”为代表的大量直接援助和间接援助，可以一心一意发展经济建设福利国家，同时因学习美国肇始于“罗斯福新政”的“国家资本主义”，促成了保守党在政策理念上的革新，接受了工党混合经济和福利国家的理念，另外由于美国此阶段的主要战略目标是遏制苏联，在殖民地问题上延续威尔逊时代的“民族自决”原则，对英国、法国等国试图维持帝国的努力不予支持。而英国经过两次世界大战，自身已无力维持其在殖民地和势力范围的统治，于是便逐渐放弃了其在各大洲的财力人力投入。这一方面使得英国得以几百年来首次将投入海外的资源收回投入国计民生事业，另一方面也使得长期以维持和发展帝国为重要施政目标的保守党出现了价值真空和目标缺失，为了树立自身的威望和吸引选民，于是也开始大打“福利牌”，宣称能够比工党在某些福利领域领导人民实现更好的结果。

工党左翼在20世纪70年代重新夺取权力，也与美苏争霸格局的转变有关。苏联的优先发展重工业和军事工业显示出的力量、美国越南战争失利和欧美“垮掉的一代”各种福利病导致欧洲大陆左翼回潮。同时，在国际上，马克思主义、新马克思主义发展，使得工党党内意识形态妥协的状况结束，党内的左翼力量加强。20世纪70年代石油危机和资本主义世界战后黄金时代结束、越战对美国国际地位的影响；苏联东欧勃列日涅夫时代的主动争霸策略导致了暂时的“苏攻美守”态势，其他国家和地区的社会主义左翼运动也风起云涌，这在西欧的社会主义左派眼里形成了一种共产主义运动又开始大发展，甚至出现新高潮的印象，大大激励了他们开展社会运动和争取执政权的斗争意志。

除了冷战格局，还有一个往往被忽视的国际环境因素，那就是殖民体系不断瓦解，亚非拉国家纷纷独立，这一点对英国的影响尤其不能忽视。一方面，英国继续失去了大量的廉价原料、劳动力产地和商品销售市场，维持福利国家的高速经济增长和高税收难以为继。另一方面，由于战后重建缺乏人手，以及英联邦内部劳动力流动较为自由，所以在战后“黄金时代”的二十年，大量移民来到英国，成为了推动经济发展和福利国家建设的巨大力量，然而，随着“黄金时代”的结束，英国经济陷入低迷状态，大量的失业人口和过剩的劳动力反而转变为福利国家的“负担”，很多人不满普遍性的福利惠及移民，进而质疑福利国家本身。

本章小结

20 世纪 50 年代到 20 世纪 70 年代中期，克罗斯兰的修正主义思想、蒂特马斯的社会民主主义福利思想和马歇尔的公民权理论社会福利思想对英国工党社会福利政策产生了重要影响。克罗斯兰等修正主义者信奉凯恩斯主义，认为福利国家可以同资本主义市场经济体制兼容——前提是社会福利发展必须建立在经济发展产生的剩余上，应该追求更加平等化的社会福利政策，但不能追求绝对的结果平等由此损害自由和市场效率。蒂特马斯则是传统社会民主主义理念的坚定维护者，认为多元化的福利体制必然伴随着大量的不平等和碎片化，因此明确反对商业性质的福利和职业福利，认为应该建立国家主导的一元化的福利国家。马歇尔则试图用古典自由主义式的公民权思路来论证混合经济和福利国家的合法性，探索提高经济效率与消除贫困如何兼顾。

工党内部持续存在着尖锐的思想斗争，左右势均力敌，在思想上虽维持了社会民主主义的正统地位，但在政策输出上具有明显的妥协折中特点，在社会福利领域的政策输出实际上偏向折中，和改革后的保守党形成了长期的“福利共识”（然而分歧也越来越大）。曲折往复的养老金制度改革最能体现两党甚至工党内部的观念分歧。

总体而言，工党力图将碎片化的养老保险形式并轨于统一的现收现付制和收入关联的国民年金，并提升其水平，而保守党则倾向于保留现有的碎片化格局，并发展储蓄型的职业年金和商业保险。结果是工党不断失败和妥协。虽然国民年金水平有所提升，收入关联养老金也得以建立，但养老金种类反而越来越多，并且大量高收入者的资金都进入了各种私人养老金计划，公共养老金的财务状况和实际效用并未得到改善。免费医疗系统是无人敢动的雷区，只进行了很少的改革——比如恢复了部分收费项目以及增加了高级医生开设私人诊所的自由度。在教育政策方面，工党政府力图取消中学的分类制度，这遭到保守党的激烈阻挠。此外，工党还大力发展职业教育，开创远程教育和电视教育的先河，与保守党政府大力发展高等教育恰成对应。

此阶段，第二次世界大战后各种特殊的历史条件形成的“黄金时代”结束，福利国家共识的基本内容虽然得以维持但已经开始松动。长期的经济增长乏力乃至 20 世纪 70 年代的经济危机和滞胀、失业问题旷日持久和工党的国有化政策并未实现预期效果导致人们逐渐丧失了对凯恩斯主义的信奉，并开始将一系列问题归咎于福利国家本身。大量中下层选民和社会利益集团从福利国家发展中获得了巨大利益，从而支持福利国家的存在和发展，但社会经济形势的变化，使英国的工人阶级的收入状况、生活方式和价值观发生了质的变化，工党的选民基础和选民诉求有了质的变化，平等化和加强国家干预的社会福利政策的支持率不断下降。工党内部思想斗争和权力斗争激烈，领导人的思想倾向忽左忽右，工党既想维护和工会的友好关系，又想讨好不断增加的中产阶级选民，政策输出“左右摇摆”，对福利国家的问题缺乏稳定和富有创建的改革方案，影响到其在选民心目中的形象，追求长期利益而要求选民做出短期牺牲的社会福利改革方案不再受到选民信任。左翼指责工党向资本妥协的凯恩斯主义经济政策背离了代表工人阶级和追求社会主义的初衷，右翼指责工党社会民主主义的国有化和继续扩大福利国家的计划是英国经济困难和社会弊病的根源。冷战格局下，“福利国家”的概念得以宣扬，因此其基本框架能够获得广泛支持（即使是右翼思想家和政治家）；殖民体系的进一步瓦解导致英国的右翼政党和利益集团目标缺失，转向赞同和发展社会福利以吸引选民；然而，工党进一步增加国家干预和促进结果平等的社会福利政策被英国选民认为是危险的举措，从而难以真正实施。

第五章　福利国家变革时期社会福利思想与工党政策

20 世纪 70 年代末，工党开始了长达十八年的在野历程。撒切尔夫人领导的保守党连续执政并对福利国家进行了所谓新保守主义式的变革。面对工党长期下野的事实和英国国内国际的新形势，工党党内中右翼提出了“第三条道路”的口号，通过一系列政治斗争排斥或统合了党内左翼，取得了工党内的支配地位。工党放弃了坚持了近百年的“公有制”原则，在 20 世纪 90 年代中期重新上台执政。布莱尔政府实行了名为“中左”实为“中右”的路线，继续对福利国家进行变革。

第一节　福利国家变革时期的重要社会福利思想

一　思想影响政策方式的变化

20 世纪 70 年代中期之前，鲜有专门的社会福利思想家或单独的社会福利学科及其政策主张，相关的思想或政策主张一般都是由更加基础的哲学、经济学、政治学或社会学等学科的学者提出，思想影响政策的路径较为单一，波及范围较窄。无论是思想方、政策方还是影响路径都有着鲜明的个人烙印。20 世纪 70 年代中期以后，社会科学学者的数量成倍增长，社会福利也越来越成为独立的学科或研究领域，不同学派的群体开始规模增大、数量增多，政府的专业政策咨询机构也大量建立，越来越多的学者进入上述机构，长期从事一个细小的专业化分工领域的研究工作。

上文提到的剑桥凯恩斯学派曾经垄断过英国宏观学界并且对相关经济社会政策产生很大影响，是战后长达30年的以有效需求管理的宏观经济政策为基础的政党经济政策和福利政策共识的学术基础。到了20世纪70年代，剑桥凯恩斯学派的影响力逐渐消失，学派本身也逐渐消散。当然，我们常常谈到的外部社会经济形势的变化是重要原因，但学术与政策界内部性质及其关系的变化也是重要原因。否则，英国的经济困难早在20世纪50年代就已经初见端倪。在60年代就已经十分严重且凯恩斯主义的药方已经失灵，但为什么政策共识可以一直维持到70年代末？20世纪70年代之后，随着高等教育的普及，经济学家大量增多，而其中绝大多数已经与剑桥凯恩斯学派没有关系，学术思路和观点本身越来越多样化，而且更多的经济学家受雇于官僚机构，一部分成为公务员，另一部分成为顾问，同时，还有很多学者越来受雇于社会组织或商业组织。这些组织有着更加离散的利益诉求，也使学者们形成了更加多样化的学术志趣，剑桥凯恩斯学派建立的共识越来越被稀释。

进入公共部门的学者们就像进入了一个等级森严的科层制体系，大多数人只从事一个细分领域的工作，只有少数位阶较高的通才才像过去那样直接为政府大臣工作。在公共部门工作不可避免地改变了专家们对研究问题和研究方法的选择以及对研究结果的处理方式。总体而言，专家们更加聚焦于中观理论和中期利益（Medium-Term Departmental Interest），而不像以往的思想家那样致力于从宏观或意识形态层面进行创新，建构从根源上就具有原创性的宏大思想体系。政策研究越来越依赖国家资助，国家借此更多地掌握了政策研究方向的选择权。在撒切尔夫人领导的保守党政府执政时期，重新评定了资助体系，能够“提出反映新形势的新的经济模型”的组织被增加经费，反之则减少甚至切断资助。剑桥凯恩斯学派的一些组织就被削减经费，而秉持新古典自由主义理念的货币主义的研究机构则得到了更多的经费。

报纸及之后电视、互联网等大众传媒所造成的舆论也是上述变化的重要推动因素。大众传媒的性质决定了其倾向于将当前的困难归咎于旧理念和旧政策的错，选择使用新理念来反对旧理念。在 1981 年，面对当时混乱的经济社会形势，有 90 多份报纸在质疑或讨论养老金和工会问题时，都在引用当时时髦的芝加哥货币主义学派的弗里德曼的观点来抨击英国的凯恩斯主义共识。反凯恩斯主义的学术组织早在 1957 年就已经成立，最有代表性的是 the Institute of Economic Affairs（以下简称“IEA”），成立之初就开始讨论用回归市场化的手段来应对当时的经济问题，并且努力宣传其思想主张。到了 20 世纪 60 年代，更多的有着更明确政治目标的组织成立并追随 IEA 的政策批判路径。右翼组织比较有名的有“政策学习中心”（the Centre for Policy Studies）和“亚当·斯密研究所”（the Adam Smith Institute），左翼组织比较著名的有“社会学家研讨会”（the Conference of Socialist），该会创办了刊物《资本与阶级》，影响很大，特别是在 20 世纪 60 年代对工党的政策失误的批评效果显著，该期刊认为工党违背了为工人阶级谋利益的初衷，主要是依赖凯恩斯主义者的需求管理政策，导致了经济困难和社会动荡，也使工党失去了其传统选民的信任。总的来说，对凯恩斯主义的质疑和批判进入了系统化和普遍化的阶段，学术界的需求管理和福利共识全面破裂，比政治领域的共识早了 10 年左右。

二　“福利共识”的破裂和“撒切尔主义”

撒切尔夫人领导的保守党政府的经济社会政策的指导思想往往被称为“新自由主义”。前文已两次澄清。这种称呼如果放在更长的历史脉络看是容易引起混淆的。前文已阐述过思想史脉络中原初的“新自由主义”的含义，它是对古典自由主义进行的“向左转”和“激进化”的“修正”，所以又被称为“激进自由主义”或者“社会自由主义”。而“撒切尔主义”的实质，则是对古典自由主义的一种“复兴”，是所谓的“新保守主义”“新右派”。以艾德蒙·柏克开创的英国保守主义传统为“体”，哈耶克、弗里德曼等回归亚当·斯密、大卫·李嘉图和马尔萨斯传统的新古典自由主义政治经济学为“用”。

自二战结束以来，英国的经济社会政策经历了长期的“共识政治”阶段，共识的基础，就是资本主义左派和社会主义中右派之间的妥协，是凯恩斯、贝弗里奇等的主张国家干预的新自由主义政策和主张福利国家规模和平等化程度应以经济发展成果的增量为限之间的妥协，这种妥协实现了市场经济和福利国家的共存。然而，到了 20 世纪 70 年代，英国经济陷入长期滞胀，社会问题也日益凸显，无论是保守党政府还是工党政府在现有“共识”框架内的小修小补都无法走出困境。福利开支从 1961 年占国内生产总值的 18%上升到 1975 年的 29%①。但是，公众的不满和抗议却愈演愈烈。于是，撒切尔夫人领导的保守党右翼开始从该党的历史传统中找寻出路，他们认为“英国病”的病因就在于国有化和福利国家建设对私人空间、个体独立性和自由市场制度的过度侵犯。新古典自由主义诞生于对 20 世纪 30 年代盛行的潮流的反思，强烈主张个人主义和自由市场，强烈反对国家除确保法律秩序之外的过度干预，正好为撒切尔新保守主义所用。他们开出了中止凯恩斯主义政策和部分否定福利国家的药方，并且在大选中获胜，并对福利国家进行了以私有化、地方化、减税减支等为内容的大幅改革。

① Ian Gough, *The Political Economy of the Welfare State*, London: Palgrave Macmillan, 1979, p. 76.

三　两个“第三条道路”的内涵

（一）第一个“第三条道路”——传统社会主义与修正主义之间

现有的研究往往注意到安东尼·吉登斯和布莱尔的“第三条道路”，而忽视了布莱尔之前的工党领导人金诺克的“第三条道路”。金诺克认为，工党传统社会主义派别（左翼）和修正主义派别（右翼）的内斗和分裂是几十年来工党在政坛不断失势的主要原因，因此，工党应该寻求两者之间的“第三条道路”来弥合这种分歧。在金诺克任内，工党虽然没有能够实现重新上台执政，但已经基本完成了意识形态方向的转换。1983 年大选惨败后，左翼领袖富特辞职，金诺克成为工党领袖。金诺克出身于矿工家庭，与之前左派的重要代表人物、国民保健系统（NHS）的创立者比万是同乡（位于南威尔士的 Tredegar），那里有着深厚的工党左翼群众基础。金诺克本来属于左翼，但在看到工党接连惨败后，思想渐渐转向温和派，试图调和左右矛盾，重新整合工党。他上任伊始就多管齐下改造工党：第一，将极左团体“好斗趋势”清除出党，在工党年会上抨击利物浦城市委员会等极左派的活动。第二，对全国煤矿工会未经依法投票发起的大罢工事件不予支持，要求其遵循法律法规活动。第三，在 1985 年工党年会上发表演讲，一方面肯定了传统社会主义价值原则的历史合理性，另一方面则指出极左道路在现在已经行不通，当然，修正主义的民主社会主义道路也是不行的，转而需要的是“第三条道路”的民主社会主义。公有制并不意味着国有化，它可以包括多种形式，资本主义的无序竞争确实需要加以克服，但市场经济应该保留，因为它可以刺激生产和企业革新，这是第一次工党公开认可市场经济的地位。第四，从 1986 年的工党年会开始，工党的徽标从红旗变为了红玫瑰。1987 年大选工党再次失败后，金诺克领导工党掀起“政策反省”运动，把改造活动推向深入。金诺克在公开场合宣称自己和同僚绝对是理想的社会主义者，相信社会主义终有一天会到来，但在那之前，必须面临存在市场经济的混合经济阶段，“我们不得不与之打交道，并且我们必须比保守党把市场运作得更好”。金诺克领导的思想意识形态转变实际上是一种“新的修正主义”。与老的“修正主义”的区别在于，它扬弃了凯恩斯主义的需求管理策略和通过再分配与普遍福利来促进平等的思想。

在1992年大选失败后，金诺克卸任，当选新领导人的约翰·史密斯在参加党内竞选时发言，提出工党要实现如下改革：一人一票制（削弱工会影响）；“从单一的社会主义转变为社会民主主义下‘欧洲模式的资本主义’”；将高税收投入健康和教育事业，但也要形成现代化和富有成效的混合经济以保证税收的可靠性；对就业问题的解决思路要由“以再分配为重心转向以投资为重心”①。上述声明内容已经点出了布莱尔“第三条道路”思想体系的部分核心要素，约翰·史密斯获得了91%的选票，说明该竞选声明在党内已经有了广泛共识，而这些内容于20世纪70年代末80年代初在工党内部是不可能通过的。1994年5月12日，新领袖约翰·史密斯突发心脏病去世，年轻的托尼·布莱尔战胜竞争对手戈登·布朗成为工党新的领导人，并继续推进了工党的“现代化”改革，其中标志性的事件就是重启了30多年前盖茨克尔发起的修改党章运动。

（二）第二个“第三条道路”——吉登斯—布莱尔：社会民主主义和新古典自由主义之间

经过布莱尔和同僚们的努力，1995年工党执行委员会发布了工党党章修改的最终草案并获得通过。新党章的第一款定义工党是一个“民主社会主义的党”，“它相信通过共同努力我们能达成比各自单独

---

① ［英］彼得·曼德尔森：《拯救工党》，张浩亮译，中国人民大学出版社2013年版，第77页。

行动所能达成的更多。共同努力可以为我们每一个人创造发挥真正潜能的手段"，并创造一个"权力、财富和机会掌握在多数人手里而非少数人手里"的共同体，在这个共同体内，享有权利基于承担义务，"在团结、宽容和相互尊重的精神下自由地生活在一起"（张志洲，2011，p. 169）。可以看出，工党在表面上维持了"民主社会主义"的性质，但同时连用两个"共同努力"，既显示其区别于自由主义和个人主义的自身一以贯之的特点，但又在模糊以往强调阶级立场的更明确的集体主义概念。讲到权力、财富和机会掌握在多数人手里而非少数人手里，让人乍看体现出社会主义和追求平等的特色，然而稍微细究就会发现，由于其并没有提到多数人与少数人所掌握的权力、财富和机会的比例，所以事实上并无明确的目标意义，甚至可以认为是既有社会事实的复述。最后既强调团结又强调自由，体现出集体主义与个人主义间寻求折中的特点。而运用"宽容"和"相互尊重"这种去意识形态和阶级色彩的词语，则表现出典型的伦理社会主义传统。新党章第二款提出"工党致力于使经济为公共利益服务且充满活力……市场的风险性、竞争的残酷性与伙伴关系和合作精神相结合……为我们每一个人创造工作和成功的机会"；同时，"需要繁荣的公共服务部门，这些或者归公众所有，或者向公众负责"①，这实际上肯定了混合所有制经济，也暗示了公共服务不一定由国家直接提供。

安东尼·吉登斯和布莱尔都宣称"第三条道路"是一种超越"左"与"右"的意识形态，但它不是简单的折中，而是偏向"中左"的"社会民主主义"道路。就像布莱尔所言，是"摆脱过时的意识形态，……既超越沉迷于国家控制、高税收和生产者利益的老左派，又超越倡导狭隘的个人主义的新自由放任，以及笃信自由市场是

① Tudor Jones, "Labour's Constitution and Public Ownership: From Old Clause IV to New Clause IV," in Brian Brivati and Richard Heffernan, eds., *The Labour Party: A Century History*, London: Macmillan Press Ltd., 2000, pp. 312-313.

万能良药的信念的新右派”[①]。然而实质上，他们所宣称的这个“社会民主主义”的“中左”道路的参照系是保守党的新古典自由主义，同工党传统的社会民主主义道路相比，实际上要“右”很多。如果不从政策宣言而从政策实践上看则更是如此。布莱尔在党章修改中删除了只与工会合作的条款，改为与所有认同工党价值观的团体合作，继承了之前的保守党政府限制工会的种种法令措施，废除了工党领袖选举的集体投票制度。在实践中，布莱尔及其团队经常主动和《太阳报》的默多克等国际传媒大亨或其他领域的寡头们进行各种联系和磋商，并且公开进行，毫不避嫌。在布莱尔及其团队的认识中，这些资本巨头比工会运动更能代表其所谓的“整个国家的利益”。客观地讲，这些言行明显是一种明确的偏右路线的宣示。佩里·安德森（Perry Anderson）认为，工党“新路线接受了撒切尔路线的基本要素，如同保守党在20世纪50年代接受了艾德礼路线的基本要素”[②]。

当然，“中左”还是“中右”的讨论可能陷入了将思想政策简单化、平面化的误区。因为思想谱系，特别是如“第三条道路”这种本身并不成熟和稳定的思想体系，越来越难以用一个简单的二维线条来确定，某一思想体系的内涵包括多个要素，每个要素可能处于谱系中的不同位置，某些要素相对位置居“左”，但另一些要素可能居“右”。比如布莱尔政府一方面大力提高对社会最贫困人群的福利水平和福利可及性，这是“左”的，是对之前保守党政策的逆反，对传统社会民主主义理念的实施，但另一方面布莱尔政府进一步限制工会权利，严格失业保险和失业救助的获得条件，这就基本延续了之前保守党政府的“右”的政策，遭到左翼人士的强烈抨击，认为这种“从福

① 杨雪冬、薛晓源主编：《“第三条道路”与新的理论》，社会科学文献出版社2000年版，第25—26页。

② Perry Anderson, “The Light of Europe”, in *English Questions*, London: Verso Books, 1992, p. 346.

利到工作”的强制劳动是一种野蛮的倒退。所以“第三条道路”很难在社会主义与自由主义二元谱系中找到一个相对准确的定位，这种复杂性可能是2×2的四象限坐标系也无法表现的，需要三维或者多维坐标系才能表达，亦即布莱尔自己所言“超越左与右”，即“摆脱过时的意识形态”。布莱尔声称，他们不是抛弃了传统，而是恢复了传统，一旦社会主义以“社会—主义”的方式来定义，而非从所有制的方式来定义，就能从历史中解放出来，而不是被它束缚。布莱尔从意识形态上看，实际上是在回归模糊意识形态的争议的伦理社会主义，强调公平、友爱和权利与义务对等等伦理社会主义的内容为社会主义的本质。

强调个体在享受权利的同时需要履行一定的义务是“第三条道路”思想体系的重要要素。新工党认为，各阶层的大多数民众都会愿意为了促进社会正义而承担一定的责任，虽然新保守主义和撒切尔主义也强调让民众重新树立责任意识和履行义务，但由于政府采取了简单的收缩和放任的政策，所以导致很多民众根本就没有承担责任的机会。新工党的福利改革就致力于让最广泛的民众都能够得到承担促进社会正义的责任的机会。新工党采取多种措施鼓励冒险致富的企业家以及追求成功的价值观，他们希望通过教育，一方面使企业符合知识经济的要求从而能够更加具备竞争力，另一方面使年轻人接受美式人生观和企业管理理念。他们认为上述理念并不意味着工党蜕变成了一个贪婪并脱离了民众的资本家的党，而是如果实现了上述愿景，对整个国家和全体人民的福祉都有莫大的好处。

批评人士认为“第三条道路”实际上体现了工党的狡猾。采用这一模糊的术语，实际上是在向选民投石问路。选民和利益集团支持哪些政策就保留或发展，反对哪些政策则删除或改变。工党高层之一曼德尔森则认为这种批评是不可避免的，而这种策略关键的创新在于一个真正现代化的政党的政治哲学就应该认识到以往那种非此即彼的政策思维方式是错误的（比如经济效率和社会公平、奖励有竞争力的企业和照顾弱势群体、维持英国的利益和积极与欧洲合作等），这些范畴并不能总被认为要做出跷跷板式的零和政策平衡，而是要努力设计出新的政策以兼顾①。

四　新自由主义思想的新变化

虽然自由党早已衰落，凯恩斯主义也不再流行，但新自由主义思想仍然存在并对工党社会福利政策产生影响。20 世纪 80 年代之后，很多研究开始关注“准市场”（Quasi-markets）的性质和功能及其在福利资源分配中的意义。性别、种族、民族和全球化视野等新的维度和视角在福利多元主义研究领域不断涌现，流派更多，蒂特马斯式制度型和剩余型二分模式不再流行，比较极端的思想体系也不再受到欢迎。从表面上看，似乎新自由主义和社会民主主义之间的界限越来越模糊，但实际上本质区别仍然存在，费边社会主义和其他社会主义者与新自由主义者的区别不只在于前者接受更广和更深的国家干预，更在于前者认为为了人类福利的最大实现，社会主义应该取代资本主义。此外，所谓左、右与中间道路的含义在不同时期大相径庭，而中间道路的思想也始终没有一个稳定的政党依托。保守党领袖麦克米兰在 20 世纪 30 年代的政策建议和自由主义者贝弗里奇在 20 世纪 40 年代的政策建议对于布莱尔时期的工党政府来说或许都算是偏左了。在 20 世纪 90 年代，无论左翼还是右翼都在向右转，然而这种转换又需要具体分析：国有化和充分就业都被抛弃，但进一步平等化和更高的最低工资制度却是核心的政治议题，同时，高税收却不受欢迎。大体而言，涉及普通民众的各种具体的社会福利问题更加成为政治中心问题。

---

① ［英］彼得·曼德尔森：《拯救工党》，张浩亮译，中国人民大学出版社 2013 年版，第 102 页。

第二节　福利国家变革时期工党社会福利政策特点

金诺克改革之前，工党的政策诉求主要被转移到了更宏观和本质的政治制度层面，对于社会福利领域的具体问题鲜有建设性政策创意，而由于其政策主张和政治活动的群众基础越来越有限，只能听任连续执政的保守党政府在撒切尔夫人的领导下对福利国家进行在新保守主义和新古典自由主义理念指导下的颠覆式改革。而金诺克改革之后，特别是布莱尔领导工党重新获得政权之后，"新工党"政府推行了一系列（宣称）不同于以往的社会福利政策，对福利国家进行了进一步的改革。

一　"新工党"社会福利政策的基本方向

据新工党政客及其政府的说法，撒切尔夫人政府本来是以重建民众的进取和自立精神为目标，然而事与愿违，在保守党执政时期，由于私有化带来的收入两极分化和教育等福利领域投入的缩减，社会团结被进一步削弱，社会分裂、道德败坏和犯罪问题进一步加剧。布莱尔政府继续致力于这一目标，不过他们吸取保守党政府的教训，不再试图仅仅用"放权"和恢复自由竞争市场的办法去"倒逼"民众的进取和自立精神，而是通过政府主动作为的积极的教育培训和劳动力市场政策来"逼迫"民众重新习得进取和自立的能力。但事实是，布莱尔领导的工党政府的很多所谓"促进能力"的举措并非他们的创新。在撒切尔夫人和梅杰领导的保守党政府执政时期，甚至在 20 世纪 70 年代初期的保守党政府执政时期这些举措就已经启动，比如在 1973 年，希思领导的保守党政府就已经开始建立提供培训信息和就业信息的就业中心，这就是新工党政府大吹大擂的所谓"从福利到工作"的"积极就业政策"的核心内容。一方面，"增能"性质的举措其效果很难迅速显现，新工党政府某种程度上占了“前人栽树，后人乘凉”的便宜[①]；另一方面，将这套做法理论化并大肆宣传，以及更加普遍和体系化地推广实施，确实是从布莱尔政府开始的。

金诺克在1987年大选中就开始通过“机会平等”理念吸引选民。1992年，短暂担任工党领袖的约翰·史密斯制定了一个对养老金和儿童福利增加30亿英镑的计划，然而这笔钱需要通过对年收入超过215000英镑的人增加养老金缴费来获得，所以被认为是疏远了很多选民的一个重要政策。总体而言，“从福利到工作”、从现金到服务、从补助到增能，布莱尔和工党的一系列举措都体现出减少对受助对象生活的直接帮助进而使其能够提高自我帮助的能力。

为了吸引更广泛选民的支持，布莱尔政府吸取以往工党政府的教训，提出政府应每年为下一年制定严格的财政支出规划，在想办法促进经济增长的同时尽力保持较低的通货膨胀率，承诺不提高现有的最高边际税率。这就意味着在社会福利方面的财政投入从总数额上讲不可能有大的提升。新工党政府的运作空间主要在改革和创新制度结构、支出结构和管理方法上。布莱尔团队清晰地表达出改革财政支出结构的执政计划，这与强调“增能”的“第三条道路”原则相符。

二 “从福利到工作”——就业政策与教育政策的联动

布莱尔曾被询问政府计划的财政支出优先事项的前三位分别是什么，其回答“教育，教育，教育!”（曼德尔森，2013，p. 106）。工党政府试图减少各种社会救济支出，而在教育领域和促进就业领域加大投入，改进失业津贴发放和失业救济，继续保守党奉行的对长期依靠失业救济者逐步减少直至取消福利待遇的措施。同时，增加强制性

① 正如一说撒切尔夫人领导的保守党政府的经济成就实际上得益于之前工党政府投巨资开发北海油田的成果。

的就业促进项目，对于处于就业年龄段无业或失业的年轻人，强制其接受就业劝告，并强制其在安排就业、参加环保或志愿工作、参加职业教育培训等选项中选择一种，否则停止其领取相关福利待遇的资格，取消原先无条件的失业津贴。此外，还发展求职援助项目，对努力找工作的人增加咨询帮助，对有工作人员的家庭实施税收优惠政策以代替原先不加选择的家庭救济金，对失业者的配偶提供求职支持。同时，为积极雇佣就业困难人员的企业和志愿部门提供税收优惠和其他帮助。从失业问题上的投入金额也能看出布莱尔政府促进就业新政与之前保守党政府以“兜底”为主区别明显的“增能”特点。之前保守党政府重点关注的是长期失业者，现在布莱尔政府的新政计划对年轻失业者的资助达到 26.2 亿英镑，而对于长期失业者的资助计划仅有 4.5 亿英镑。[①] 尽管工党政府通过各种手段促进就业，并且实现了自成立以来同工会运动最大程度的“脱钩”，但还是在工会运动的压力下于 1999 年恢复了被保守党政府取消的最低工资制度。当然，这项制度的主要直接受益人群是妇女和年轻人，据称可以缓解就业贫困，减少政府的收入支持开支，但也可能造成对失业问题的压力，特别是上述直接受益人群反而容易成为首当其冲的受害者。

类似地，工党政府还试图减少现金津贴的规模，加强对贫困人口和贫困地区的社会服务投入，为贫困人群提供更加平等的竞争环境和竞争起点，增加其自我改变命运的意识和能力。在贫困人口中，单亲家庭及其子女的抚养和教育问题是较新出现、迅速加剧而又影响突出的问题，成为了工党政府社会福利新政的重中之重。当然，加强对儿童福利的重视和投入，一方面，确实是因为单亲家庭儿童照料不足导致的儿童身体素质下降和儿童流浪等问题日益严重（此问题极易引发

---

① Robert Walker and Michael Wiseman, “Making Welfare Work: UK Activation Policies under New Labor,” *International Social Security Review*, Vol. 56, No. 1, 2003.

选民关注），另一方面，也是和“从福利到工作”的促进就业政策配合，短期是为了减少年轻人就业和发展职业生涯的后顾之忧，长期看也是给提高未来英国劳动力的素质打基础。更是在老龄化问题日益严重和新移民浪潮出现状况下避免出生率下降的举措。同时，工党政府还努力建立有别于一般犯罪问题的青少年犯罪“快车道”惩处机制。

1979年，无工作者的家庭数不到有工作年龄段者的家庭数的10%，而到工党执政前夕的1996年，这一比例上升到接近20%。1981年，英国单亲家庭比例为13%，而到1999年，这一比例上升到25%，约60%的单身父母处于贫困状态，依赖各种社会救济。已婚妇女的就业率在战后不断提高，到1997年已达65%，而单身母亲的就业率在20世纪70年代以来就一直维持在50%左右，没有增长。① 失业问题、教育问题和单亲家庭问题密不可分。传统的社会民主主义的福利理念强调应该由单亲父母自主决定主要精力用来工作还是照顾孩子，但新工党政府强调无责任即无权利的理念，认为福利国家不应当继续用纳税人的钱来充当单亲家庭的“父亲”（Bread-earner），同时，工党政府也接受了贫困文化论，认为单亲家庭的这种福利依赖文化很容易代际遗传。因此，在单亲家庭问题上，布莱尔政府比之前的几届保守党政府更加在实践上践行保守主义。其认为传统家庭的成年人会比单亲家庭的成年人更有责任感，一直呼吁和采取多种具体政策措施来强化传统家庭伦理和责任意识，将补助的实施标准从依据单亲家庭父母转移到依据儿童，不改变保守党政府削减和取消对单亲家庭儿童和单亲父/母相对于普通家庭儿童及其父母享受的各种额外津贴的立法②，限制单亲家庭的蔓延趋势，减少其福利依赖，激励其承担起抚养儿童的责任。工党政府对18岁以上的积极加入就业支持计划的人提供补助，

① 孙洁：《英国的政党政治与福利制度》，商务印书馆2008年版，第160—161页。

② 不过这一议案在工党内部引发了激烈的争论，相当数量的工党议会党团成员投了反对票。

而对 18 岁以下的人就业没有任何补助措施，以促使雇主更倾向于雇佣前者而非后者，由此负向激励后者使其延长受教育年限。在提高青少年教育质量方面，工党政府努力缩小小学单位班级的规模。综上所述，工党政府对就业、家庭与教育领域的综合治理集中体现出了“第三条道路”的混合性：一方面增加对弱势群体基本生活的兜底帮助和提高他们（特别是他们下一代）改变自身命运的能力，促进机会平等；另一方面则强调工作伦理、家庭伦理和责任意识，减少免费的午餐，将福利享受与承担相应责任和代价相捆绑。

三 “新工党”政府养老金改革的主要特征

工党的养老金制度改革较为显著地体现出了“第三条道路”折中混合的特点，这实际上是在继续保守党政府的改革方向。[①] 首先，基础养老金改为同一费率的基础养老金，与平均收入指数挂钩，不再与个人收入相关联，引入以家计调查为基础的现收现付制的国家最低退休收入保障，从而使低收入者及其他难以或无法参加和充分享受储蓄型养老金待遇的人群也能获得一个兜底的养老金收入。但同时，降低了国家养老金的给付比例，使其在整体养老收入中的比例降低，建立国家第二支柱养老金以取代原有的收入相关联的基础养老金，原来参加收入相关联的基础养老金计划的（低于一定收入的）人群如果继续参加这一新计划，则会根据收入高低享受储蓄基数翻倍或不同程度的补贴等优待，高于一定收入的人群则没有上述优惠。同时，通过立法等多种举措鼓励私人保险公司和基金会发展多样化的养老金计划。鼓励有能力者参加收入关联的第二支柱养老金和第三支柱的各种商业储蓄计划。

---

① 概括地讲，减少收入相关联的国家养老金，鼓励各种私人养老金发展，收入相关联的关联办法由按照“退休前收入最高的二十年的平均值”为基数变为以全部工作年限的平均收入为基数。

显而易见，这种改革方向一方面加强了国家在养老金问题上的兜底，改善了低收入者和社会弱势群体在养老问题上的无助状态，一定程度上增强了上述人群的安全感，这符合传统的社会民主主义的理念。另一方面，虽然在养老金的第一支柱和第二支柱的下层范围内进行了平等化倾向的改革，但从整个的三支柱结构看，改革方向却是遵循着新古典自由主义的路径，对于一定收入水平之上的人群（或者更准确地说是对于一定水平之上的收入），实际上是在继续着保守党政府的去福利国家化方向的改革，国家对其进行更少的强制再分配和将其更多地留给自由市场。

四 "新工党"政府医疗改革的主要方向

之前的保守党政府经过多年的积累和酝酿后，在20世纪80年代末90年代初终于开始触动国民保健服务体系这块最危险的"蛋糕"。由于国民保健服务体系深得民众支持，所以保守党政府也只能寄希望于在基本不降低民众保健待遇的前提下从管理机制上着手进行改革。改革措施主要是增加医院和医生更多提供医疗服务，增加医院收费的自主权，同时政府从管理者向购买者转变，引入内部市场和竞争机制，增加服务提供的竞争。严格处方、医疗检查和其他医疗资源使用的规程，同时增加医疗机构获取资金的灵活性，试图避免滥用和腐败。

工党政府认为，保守党政府在医疗服务中引入市场机制的做法破坏了英国引以为傲的国民保健服务体系的核心精神，于是取消了该做法。工党政府没有使其回到由国家大包大揽的体制，基本延续了医疗卫生局、医疗机构、医生和服务对象等多方主体角色分离的改革方向，只不过试图建立一种较为稳定的签约和合作伙伴机制来代替之前保守党政府以市场化的竞争机制为导向的改革。同时，与"增能"的福利改革大方向一致，工党政府在一定程度上加大了国家对医疗卫生体系的财政投入，重点从补需方转向了补供方，在防止医疗资源滥用上延续保守党政府的改革，但对医院建设、医生培养和公共卫生环境等领域加强投入，重点解决排队等候时间过长的问题。经过改革，国家医疗服务体系的效率确实有所提高，于更大程度上实现了“以患者为中心”，被世人诟病的漫长的排队候诊现象得以缓解——特别是癌症等重症病人。

第三节　福利国家变革时期思想影响政策的场域

一　经济形势改善但贫困问题加剧

（一）20 世纪 80—90 年代，英国经济状况有所好转

撒切尔夫人领导的保守党政府的改革颇有成效，英国经济在一段时间走出了长期低迷的状态，“起死回生”，这往往被归结为去国有化的成果，可是，英国经济的“前人栽树、后人乘凉”现象也不容忽视。20 世纪 60 年代和 70 年代英国在北海相继发现了大量油田，而在 20 世纪 70 年代初的石油危机之后，当时的工党政府加快了对油田的投资开发，石油的大量开发和出口帮助英国偿还了巨额外债，恢复了国际收支平衡，降低了通货膨胀，并使相关工业领域开始复苏，从而开始创造就业岗位。工党政府依靠的油田开发的结果具有延迟效应，直到其下台和保守党政府上台之后效应才开始显现，而如果没有工党强有力的国家干预带来的大规模油田开发，则很难设想在石油危机对资本主义世界经济构成长期巨大打击的情况下英国经济却能走出低迷开始相对复苏，而这一成果却往往被单一归结为是撒切尔夫人领导的保守党政府的新古典自由主义的私有化政策的成果。保守党政府执政的十几年，英国经济状况确实在整体上有所改善，所以，继任的布莱尔政府基本在实质上延续了抛弃凯恩斯主义、改行货币主义的经济政

策。在这种经济政策下，必然不可能重新恢复老工党传统社会民主主义式的福利国家建设——为了更加平等化的社会福利政策而牺牲经济效率。即使不像保守党政府那样继续削减福利，也只能换一种思路来改革福利国家。布莱尔的工党政府开出的药方就是试图使社会福利变为一种对市场经济的“投资”，从而建立一种经济发展和社会福利互相促进的“现代福利体系”。不过这种理想的政策目标并未产生预期的实践结果。

（二）在保守党长期执政期间，贫困、长期失业和犯罪等问题加剧且呈现新特点

撒切尔夫人领导的保守党政府本来是想借新古典自由主义之方法来行英国保守主义之价值，然而效果却不甚理想，虽然对工会运动的严厉打压在表面上维护了社会稳定，外交政策趋向强硬[①]于一定程度上重振了英国民族精神并且宣扬了爱国主义和集体主义，但由于大规模的私有化和地方分权，以及对教育等领域的福利投入的缩减，造成贫富分化加剧，也导致了失业、犯罪、吸毒、单亲家庭等社会问题急剧上升。而后者并不符合保守党主张维护社会伦理价值稳定和发扬集体主义的政治思想传统，所以并未实现撒切尔夫人宣扬的通过消解福利国家从而重建自主自立的公民精神和公民精神的初衷。例如，英国经济状况在 20 世纪 80 年代末虽然有所好转，但失业率却急剧上升，在 1986 年一度超过了 11%，梅杰上台后虽然试图对撒切尔夫人的一些做法进行改革，但由于其软弱的政治手腕无力拯救陷于分裂状态和人心涣散的保守党，基本上并未有强有力的改革措施得以实施。失业率又一度超过 10%。布莱尔政府需要极力宣扬新工党政府的积极作为和重建一个团结的、年轻的、奋发有为的“新英国”，而且把应对失

---

① 代表性事实为：对阿根廷发动马岛海战并取得胜利，和对欧洲一体化持更苛刻和冷漠的态度。

业和贫困问题作为社会福利政策的重中之重。

二　产业工人队伍持续缩小以及新利益集团发展

（一）产业工人队伍持续缩小，工会力量持续下降

由于传统的产业工人人数和占总人口的比例持续减少，产业工人为主的工会地位持续下降，其在主流选民心目中的形象也进一步恶化，促使工党从组织上进一步与工会疏离，其社会福利政策也更加不顾及工会和工人的诉求。上一章已经详细讨论过的二战结束后工人人数不断减少趋势，在进入 20 世纪 70 年代中期以后进一步发展，比如钢铁工人从 1973 年的 139601 人下降到 1990 年的 32799 人，降幅达 76. 51%[①]。传统的产业工会的地位不断下降，在 1918 年工党正式成为议会政党之际，英国 47 个全国性工会中只有音乐家协会不是产业工人工会，而到了 20 世纪 80 年代，英国的主要工会中的大部分已经是混合工会或者白领工会，而矿工工会曾是英国工人运动史上最有影响的几大工会，在第二次世界大战前是仅次于运输和普通工人工会的第二大工会，在 1980 年时已经退居英国十大工会之末。工人必须加入工会的那种排外雇佣企业越来越少，大量中小企业和灵活就业形式的普及，使得工会会员人数也越来越少。撒切尔夫人领导的保守党政府对工会的严厉打压政策加剧了工会衰落的趋势。同时，1984 年到 1985 年的煤矿工人大罢工造成了严重的社会混乱，加上保守党政府将其比作比阿根廷更危险的“内部敌人”“国家脸上的一道伤疤”和“自由的威胁”，加以恶毒攻击。选民大多并不同情策划罢工的煤矿工人和他们的工会，工党与工会的紧密联系使这类事件被保守势力控制的媒体炒作，从而进一步损害了工党在选民中的形象。工党党员中的

---

① ［英］唐纳德·萨松：《欧洲社会主义百年史》，姜辉等译，社会科学文献出版社 2008 年版，第 753 页。

传统产业工人在20世纪80年代末下降到工党党员总人数的四分之一。工党左派也开始发生分化，分为激进派和温和派，后者逐渐放弃了议会外的工人运动。1993年，约翰·史密斯担任工党领袖时期，废除了工党的领导人选举的工会集体投票制，代之以全体工党党员一人一票制，还将工党选举团人员中工会选票的权重由2/5下降到1/3（张志洲，2013，第165页）。布莱尔成为工党首位采用“一人一票制”选举出来的领袖。

（二）社会利益集团的分散化和多元化趋势明显

虽然传统的以大工业产业为基础的工会运动作为一个整体在政治领域有被边缘化的倾向，但各个社会组织作为个体仍然保持着旺盛的活力，并且其资源来源和活动方式也愈发多样化，尤其值得注意的是原先没有力量的一些边缘弱势群体的组织开始发挥更大的影响力，如残疾人联合会。在之前的保守党政府执政时期，由于私有化和自由市场制度等原因，申领无劳动能力救济和残疾人生活救助的人数飙升，导致保守党政府试图用综合救济计划限制这方面的支出，新工党政府本来想延续这一改革方向，但残疾人的抗议组织对政策议程施加的压力越来越大，迫使新工党政府中止了这一改革。同时，一些新兴利益组织也迅速发展并得到广泛支持，如各种女性权益和环境保护组织。

三　工党领导层价值观巨变及工会控制力的消解

从组织结构看，经过金诺克和布莱尔团队的改革，工党基本结束了之前持续内斗的状况，而该状况十分不利于选举。选民有求稳倾向。当一个政党的政策不太令人满意但仍能勉强忍受，而另一个政党根本不知道其施政目标是什么以及它有没有能力贯彻，选民宁可选择前者。20世纪70年代末到90年代中期投票给保守党的选民并非总是赞同撒切尔夫人的政策主张，但他们会支持一个至少看起来机构组织团结、施政目标明确和施政能力强大的政府。

新工党基本实现了组织统一，但领导层仍然存在政策分歧。名义上各个部长要最终服从首相的决策，但实际上各个部长有着相当大的自主决策的空间。如果要刻意违背首相的意志，也有很大的可操作性。布莱尔政府时期，与社会福利领域关联密切的实权机构财政大臣的职位长期由（后来接替布莱尔担任首相）戈登·布朗担任，他与布莱尔在工党改革之前就存在既合作又竞争的关系，他们都是反对老左派的改革派，一方面，布朗在思想观念上比布莱尔要偏左一些，并不完全赞同后者全面倒向“撒切尔夫人式”或“美式”政策的理念，另一方面，他也是当时工党内唯一有实力与布莱尔竞争领袖的人（本来也有相当的希望接替史密斯继任党魁），所以一直存在与布莱尔的实际权力斗争。布朗拥有一个自己的小团队，经常和工党核心领导层的观点相左，并且不断利用自己的权力地位影响最终的政策制定和实施。布朗希望执行更加积极的财政政策以展现出工党不同于保守党的更加激进和更加注重社会平等的改革者的形象。而布莱尔的核心团队如果打算他的整体政策构想能够顺利实施，就需要协调好和布朗财政团队的关系，必要的时候还需要进行妥协。在具体的政策运作过程中，由于观点不一致，于是很多对该政党命运产生重大影响的行动并不是在得到权威机构授权的状况下发生的。比如在 1986 年对次年大选的宣传活动中，党的领导人金诺克认为宣传海报应该把“自由和公平”几个字用大号字体放在显著位置，而被传统派把持的全国执行委员会认为宣传活动应该旗帜招展，地点也应该在体现工党传统的集会地沃尔沃思路的一个破旧房屋里。具体负责宣传工作的曼德尔森认为竞选活动必须改革，应该“与时俱进、以人为本”，竞选海报不再印刷那些“普通人看不懂的政治术语”，“自由和公平”也变为小字印在了海报的侧面，中心位置由具体政策愿景取而代之：增加儿童福利、增加教育补贴和住房补贴、给国民保健体系下的患者更多的发言权、打击犯罪等。同时，竞选地点改到了人流密集和时尚的国际新闻中心，活动现场也取消了传统的旗帜招展，而活动的高潮则变成了金诺克在征得路过的一位小女孩儿的父母同意后将其高高举起。这些创意在事后虽然被党内保守派斥为“不光彩的，根本就是令人恶心的”，但赢得了很多影响大的媒体关注，一些传统上与工党不在同一阵营的媒体如《经济学家》和《金融时报》等也对工党的这些革新表示赞许，前者认为是其“决定不再显得寒酸或者过时”的标志。①

新工党的社会福利改革“雷声大，雨点小”的结果也部分由其负责人之间存在重大的利益冲突和基本的理念冲突所造成。工党上台之初，哈里特·哈曼和弗兰克·菲尔德同时负责社会福利改革工作，本来是希望他们的团队实现互补，然而他们不但由于个性不和而无法合作，而且对于社会福利改革的大方向的基本认识也有分歧：哈里特·哈曼希望政府将更多的资源投向社会救助系统，因为改善最贫困的人的生存状况是当时最迫切的问题。而弗兰克·菲尔德则是贝弗里奇理念的支持者，认为社会福利改革的核心是建立一个更加完善的强制性私人保险系统。政府的主要责任在于：一方面通过税收优惠鼓励有钱人大量参保，另一方面对收入水平无法达到参保缴费标准的人给予财政补贴。时任财政大臣的戈登·布朗更加欣赏哈里特·哈曼的计划，因为该计划可以解最贫困的人群的燃眉之急，并且该计划的性质决定了其将主要由财政部门和税务部门来进行。布莱尔则对弗兰克·菲尔德的计划更感兴趣，因为哈里特·哈曼的计划从制度理念上讲并无新意，体现不出“新工党”的“新”来，而弗兰克·菲尔德的计划不但有新意，而且从短期看体现了新工党“助人自助”的增能理念，甚至从理论上讲，也有助于形成一个长期良性运转的系统。两位计划者

① ［英］彼得·曼德尔森：《拯救工党》，张浩亮译，中国人民大学出版社 2013 年版，第 41 页。

的矛盾最后发展到互相谩骂、势同水火的程度，导致工党的福利改革计划迟迟无法出台，最后的结果是两人同时离职，最终形成了一个妥协折中但内部充满矛盾的福利改革计划。

从领导人看，布莱尔、布朗和曼德尔森等战后出生的政治家对于工党传统的意识形态已经没有情感上的依赖，且这些政治家往往都是政治世家或中产阶级以上家庭出身，自幼便在私立学校接受教育，还大多从名牌大学毕业并很早就与各行各业的"巨头"有接触。不像以前的很多工党领袖那样切身体验过工人阶级和底层人民的疾苦，这些政治家对工人阶级和工会的诉求缺乏认同。如同以往的大多数工党领导人一样，布莱尔也出身于一个关心并积极参与政治活动的家庭。他的父亲利奥·布莱尔在年轻时期（两次世界大战之间）曾经信仰过共产主义。二战期间应征入伍，战后为了维持生计和改变自己的社会地位，利奥·布莱尔一边从事公务员工作，一边在已经成家的情况下学习法律，先后获得了法律本科和博士学位，成为爱丁堡大学的法律教师。后来，他接受了澳大利亚阿德莱德的聘请，带领包括托尼·布莱尔的一家人去阿德莱德生活了三年，阿德莱德与澳大利亚其他地方不同，是一个充满保守氛围的地方。社会地位的提高、进入法律圈以及在澳大利亚阿德莱德的经历使利奥·布莱尔更多地与保守派人士打交道，利奥·布莱尔的思想从激进转向保守，不仅加入了保守党，还成为了杜尔汉姆郡保守党主席，以进军下议院为目标，还明确声称希望自己成为大英帝国的首相。利奥·布莱尔从底层奋斗进入上层，他并不喜欢那些贵族出身的脱离群众的保守党党员，而是希望保守党能够进行自下而上的自我革新，变成一个崇尚奋斗的政党。利奥·布莱尔的上升奋斗经历和从激进到革新的保守的思想倾向转变历程深深影响了布莱尔，使后者崇尚革新进取精神，也使其形成了试图折中激进与保守的思想倾向和与各派人士都能打交道的灵活性格。布莱尔在苏格兰的伊顿公学读的中学。在英国的 40 多个首相中曾有 18 人从该学校毕业。伊顿公学有着陈旧僵化的管理制度，还有每位低年级学生必须听从一位高年级学生使唤的陈规陋习。一方面使布莱尔学会隐忍和迎合，另一方面也开始锻炼他理性反抗和协商改革的能力。布莱尔完成费茨公学的学业后进行了一年的组织爵士音乐会和录制唱片的活动，据说是为了更好地了解社会。之后他进入牛津大学读书，读书期间结识了杰弗·盖洛普、汤姆森、麦克·佩里和大卫·加德纳等人，他们都对政治与宗教问题甚感兴趣，每周差不多都会进行三次讨论，核心问题都是“如何将世界推向正确的道路”。汤姆森对宗教哲学感兴趣，特别是对20世纪前叶苏格兰哲学家约翰·麦克马雷的思想充满热情；麦克·佩里则主张反传统，做“自由的左派”。和这些朋友们的讨论对布莱尔政治思想的形成影响很大，特别是约翰·麦克马雷的哲学，布莱尔曾言：“如果你想真正了解我的所有一切，就必须了解约翰·麦克马雷”（布莱尔，1998，p. 54）。后者认为情感和友谊比债权债务关系更适合被用来处理社会关系，他反对自由主义的一切从自我出发的哲学思路，主张人的存在与他人密切相关，个人自身的自由是不完全的，应鼓励为他人幸福着想的品德和社会意识。这实际上和T. H. 格林与L. T. 霍布豪斯等人的倾向伦理社会主义的新自由主义思想有共同之处，都认为利他主义是利己主义的最高形式，个人在不断为他人工作中也不经意间发展和完善着自身，这与古典自由主义的开创者亚当·斯密的逻辑正好相反，后者认为个人在利己的行为中不经意间实现了利他。更为重要的是，约翰·麦克马雷的这种伦理社会主义与反自由主义的结合同英国保守主义思想不谋而合，这也在布莱尔的思想中埋下了日后能够和保守主义思想及其势力妥协的种子。对于刚入大学而之前并未形成自己政治思想的布莱尔而言，这个阶段接触的思想对其政治思想倾向的影响是巨大的，他曾说“（约翰·麦克马雷的）著作始终放在我的书架上。它是非常有影响力的，这种影响力是体现在思想上的”，“对我而言，‘他人中心论’似乎是对人类状态的一种感性解释，而基督教哲学理论与中间及左翼政治之间似乎有一种一致，我不能清楚地区分它们之间的区别。但它们对我的影响也一直存在，并且是一种有形的影响。”约翰·麦克马雷认为“所有成员之间形成朋友一样的关系”的社会不能通过革命或政府来实现，只能靠宗教改变人们行为的动机才能实现，这一点对布莱尔也影响很大。加之汤姆森等朋友的劝告和影响，使布莱尔慢慢变成了一位定期去教堂做礼拜的坚定的基督徒。布莱尔还曾想向约翰·麦克马雷当面求教，但未能成行后者就去世了。布莱尔觉得如果有机会询问后者一个问题，那一定是“宗教和政治，究竟哪一个更能让社会变得更好?”上述经历导致布莱尔理解的“社会主义”在很大程度上来源于传统的所谓“基督教社会主义”。具体而言强调家庭和社区的社会责任与权利的对等与平衡，而国家福利政策也应立足于促进公平和进步，而非用税收或其他经济手段与民众博弈和互相算计。其诞生时间较短，流派较多，且未能吸收科学的阶级和经济基础分析方法，所以给了布莱尔的政策理念较大的选择空间，而“第三条道路”这一话语本身又是一个兼容性很强的“大口袋”，更为其淡化意识形态冲突的实用性政策理念提供了便利。

以大众传媒的普及为代表的选举制度所依赖的社会基础的变化，使得领袖个人的公众形象对于政党愈发重要，而领袖个人公众形象重要性的提升也潜移默化地反过来使领袖个人在党内权力结构中的位置变得愈发重要，布莱尔就经常被指责为更像一位“总统”而不是“首相”。政策文本本身和新传媒的影响力也越来越重要。教育的普及，使选民普遍具有了阅读能力，信息技术的发展也使普通人获取信息的来源大为扩展，信息传达方式的多样化也带来了信息表达方式及其内容的多样化。1992 年工党大选再度失败的一个重要原因，就是民众并没有普遍了解工党组织结构和思想政策倾向的变革。重要媒体的态度与行为对政党竞选及政策的成败起着重要的作用。布莱尔“拿下”曾经是保守党阵地且长期发表敌视工党的文章的鲁伯特·默多克的《太阳报》，被认为是布莱尔及新工党获得成功的关键因素。而很多重要报纸则直接参与政党的政策制定，如《观察家报》就在工党参加1997年大选前根据工党的意识形态倾向提出了几条政策建议：禁止公共服务领域的工会罢工；结束地方委员会对公立学校的控制；承诺即使赢得了议会多数，也与自由民主党①联合组阁。这些建议都是在参与到工党核心领导圈的政策讨论活动中直接向工党决策层面的核心人物提出的，虽然由于过于大胆而没有被采纳，但可以明显看出这些政策和工党的改革方向是一致的，如禁止公共服务领域的工会罢工体现了工党摆脱工会束缚的方向，也体现了其强调对他人负责的思想。而且对工党最终形成的政策议程产生了重要的影响。

撒切尔夫人回归老式市场经济的改革的显著成果对工党和自由民主党也产生了深刻的影响。布莱尔的新工党不但在实践上而且在理论上承认了私人经济和竞争性市场的霸权地位，他们只是试图在这一前提下尽可能缓解各种社会病态和提升人们抵御病态的能力。新工党已不再和工会运动有着特殊的联系，它与自由民主党在社会福利领域有了更多的共同语言。政治家天然地喜欢强调自己和竞争对手的差异性——否则意味着组成联合政府和分享权力的倾向甚至义务。但代议制民主政体的实践表明，政治思想的交融和交换始终在持续发生。新右派和现代的保守党是古典自由主义的真正继承者，而新工党和自由民主党则在实质上继承了很多新自由主义的传统。新工党显然接受了福利多元主义，但实施福利多元主义的具体结构和程度仍然会有着多样性的选项。保守党政府连续执政十几年，西方政党政治的“钟摆效应”开始显现，而其执政方针政策的（重点是被人们显著认知和认为的）反响负面的内容及其负面效应则自然而然是布莱尔政

① 自由党于1981年同从工党分裂出去的社会民主党合并，重组为“自由民主党”。

府极力（至少在宣言和文本上）凸显出差异或者着力应对的。保守党政府在福利领域被认为是“问题”的政策主要表现为甩包袱似的分权和放任，而负面的政策后果主要表现为社会不平等的扩大以及与之相伴的边缘人群状况的恶化和社会排斥的加剧，福利多元主义、社会民主主义和新自由主义的支持者们的共性在于不认为在政治生活中有一个理想型的完美解决方案，政治家需要的就是在具体情境下做出虽然顾此失彼但理论上是最合适的选择。边沁给出的标准是考虑最大多数人的最大利益，而他的学生密尔则敏锐地注意到不同的个体和群体的利益真的千差万别，很难整合为一个标准，采用边沁的方法则很可能会侵犯到少数群体的利益。密尔的担忧果然在20世纪的政治实践中不断成为现实。中间道路从理论上讲似乎提供了一种富含包容性的解决之道，而且它只可能由包容和容忍的代议制政府来推行。但它的包容性的另一面则是它的模糊性，它无法像之前的各种思想流派那样提供一个明确的意识形态指引，从而可能丧失对政策实践有效的引导①②。

四　冷战格局瓦解、经济全球化与欧洲一体化

（一）美国模式霸权

20世纪90年代初，西方世界盛行弗朗西斯·福山等人提出的“历史终结论”，认为自由主义已经取得了决定性的胜利，美国一家独大，其政治社会模式一时间被鼓吹为放之四海而皆准的真理。英国工党在此期间为了重新上台执政，不但开始同美国特别是美国的民主党搞好关系，还在各方面向“美国经验”学习，社会福利制度也不例

---

① Jones, H., “The Post-war Consensus in Britain: Thesis, Antithesis, Synthesis?” In Brivati, B., Buxton, J. and Seldon, A., eds., *The Contemporary History Handbook*, Manchester: Manchester University Press, 1996.

② Wright, T., *Socialisms Old and New*, London and New York: Routledge, 1996.

外。工党在20世纪80年代意识形态左倾和奉行裁军政策时，很不受美国权力机构的欢迎，1986年金诺克出访美国，美国总统里根以生病为由（事实上他很健康）回避见面，而与之会谈的一位总统发言人则以咒骂记者的方式暗示工党的政策会破坏美英乃至整个西方的联盟，所以美国不会支持工党执政。工党在向右转之后，更多地向美国当时以比尔·克林顿为首的民主党学习，布莱尔团队经常与克林顿团队会晤并向后者请教竞选和施政的经验，而英国工党和保守党的结构关系也更加频繁地与美国的民主党与共和党的结构关系类比。

（二）经济全球化和欧洲一体化的影响

经济全球化导致各国的经济政策越来越难以独善其身，总趋势是迫使各国采取降低劳动力成本和实行货币主义的紧缩政策，而欧盟、世界银行和国际货币基金组织等在20世纪90年代势大，且通过种种手段支持各国采用货币主义紧缩政策，英国也不例外，这是继续紧缩福利国家的巨大压力。欧洲一体化的进程加快及德法主导的欧盟的建立和发展，更加威胁到英国在欧洲的地位，也迫使工党选择更加美国化的社会福利思想和社会福利政策，在政治经济和国际事务上全方位同美国合作。在国际问题上，老工党一向倾向于反对战争和积极推动裁军，甚至在美苏两极格局时期提出单方面核裁军，而布莱尔采用积极介入国际事务的对外政策，比如深度卷入欧盟事务，追随美国发动对外战争等。这种外交政策导致工党政府需要把更多的资源转移到外交领域的需要，这也是其社会福利政策向“右”转和其承诺的许多增加投入的社会福利改革由于财政原因无法兑现的原因之一。

本章小结

20世纪70年代中期以后，信奉新古典自由主义和货币主义的

"新右派"控制了英国保守党并连续上台执政，保守党政府对福利国家进行了大刀阔斧向右转的变革，工党与保守党建立在凯恩斯主义之上长期的"福利共识"从理论上和实践上宣告破裂，工党进入一个长期远离政权的时期。起初，激进和传统左翼控制了工党。20 世纪 80 年代中期，面对长期在野和越来越不受选民欢迎的形势，工党领导人金诺克开始对工党进行改革，从思想上和组织上清除工党内的激进左翼；20 世纪 90 年代初，布莱尔将金诺克的改革推向深入，工党成功重新执政，并实现了历史上首次连续三次大选胜利。此阶段工党的社会福利政策主要在布莱尔所称的"第三条道路"指导下进行。通过分析，"第三条道路"确如声称的那样是在传统社会民主主义和新古典自由主义之间，但并非如宣称那样是一种新的社会民主主义的"中左"路线，它不但在实践上而且在理论上彻底放弃了工党执行了将近八十年的公有制目标，并且彻底放弃了平等化的社会福利政策，相当于在实质上放弃了长期坚持的社会民主主义。"第三条道路"在社会福利领域基本延续了之前保守党政府的新古典自由主义理念，其对个人价值平等、机会平等、权利义务对等和赋能的强调都并非制度意义上的社会民主主义的核心内容，而是伦理社会主义思想和新自由主义思想的体现。

工党此阶段的社会福利政策鲜明体现出"第三条道路"的特点。面对社会保险对社会救助的大量"溢出"，国家加强了对基础养老金的兜底责任，但保存甚至鼓励更高层次部分的多元主义发展方向；国民保健系统方面，停止了医疗服务的私有化改革，但继续加强地方、多机构和参与主体间的分权，严格处方、付费等各流程的管理和审核，减少了排队等候时间；大力支持和发展带有强制性的职业培训，严格失业保险和失业救济的领取条件，压缩其水平，这种在"从福利到工作"的口号下进行的就业政策和失业政策的联动是"新工党""第三条道路"社会福利政策，其实其"机会平等之后各负其责"的理念早已有之，而之前的保守党政府也已经开始进行类似的政策实践。

20 世纪 80 年代的保守党长期执政时期，英国经济逐渐恢复，这被归因为是市场化和减税减支的经济政策的成效，继任的工党政府没有恢复之前的国有化和凯恩斯主义的经济政策，也没有重新采取国家高度直接介入的大规模和深度再分配的社会福利政策。产业工人人数的继续减少，中产阶级数量的继续增加，产业工会的持续衰落和形象的恶化，社会团体和利益组织的分散化和多样化趋势，使工党的社会福利政策不再密切回应传统工人阶级选民和工会的诉求，而是愈发受到中产阶级和各种新兴利益集团的影响，从而在更加重视社会基本安全兜底的同时，更加碎片化、多元化和多变。工党左翼控制时期大选接连失利的教训、撒切尔夫人领导的保守党政府恢复英国经济和国际形象的成就，以及工党的新一代领导层与老工党领导层出身和从政经历的迥异，使新工党抛弃了传统的社会民主主义的和向工会和产业工人倾斜的社会福利政策。经济全球化和欧洲一体化加速发展，各国的经济和劳动政策愈发难以独善其身，美国暂时一家独大、美国模式流行的局面，是新工党采取更加带有“中右”色彩的社会福利政策的重要外因。

第六章 结论

第一节 工党社会福利政策思想的变迁轨迹

通过前几章的分析，可以看到，在20世纪50年代以前，重要的社会福利思想一般能够清晰地辨别出流派归属，有着鲜明的意识形态标记，一般是更基础的哲学、经济学、社会学或政治学思想体系的一部分。20世纪50年代以后，特别是20世纪70年代以后，大多数社会福利思想的流派归属变得模糊，意识形态色彩淡化，如《贝弗里奇报告》和吉登斯与布莱尔的“第三条道路”。同时，出现了越来越多的专门针对社会福利领域的思想成果，越来越多的社会福利观点和主张产生于专门化的社会福利政策研究机构。但不宣扬流派归属和意识形态不意味着其实质上就没有了流派归属和意识形态，同理，即使是专门的社会福利领域的知识，只要涉及到评价和政策建议，其背后也必然有哲学、经济学、社会学或政治学理念和方法的支撑。因此，上述“主义”分类法对于20世纪初到21世纪初英国工党的社会福利政策理念辨析的研究始终适用。

从1900年工党的前身“劳工代表委员会”成立到1918年工党确立党纲，英国处于福利国家萌芽时期。工党还是一个不成熟的抗议型的政治组织，也从未获得执政机会，其社会福利政策诉求主要体现出劳工社会主义的特点，也受到费边主义的重要影响，提出很多倾向于劳工和底层民众的福利诉求，相当一部分在当时的社会政治条件下毫无实施可能。但有趣的是，我们可以看到，其中的很多福利诉求在未来的几十年里慢慢得到了实现。这一阶段，新自由主义或曰激进自由主义理念影响下的自由党在工党的支持下开始进行社会保险立法，国家主办的涵盖养老、失业、工伤等广泛领域的社会保险制度开始建立。

1918 年，工党确立了社会民主主义的党纲，以费边主义为内核的“英式”社会民主主义成为工党的官方意识形态，也成为工党下一阶段社会福利政策的主要指导思想。同时，伦理社会主义和新自由主义（以凯恩斯主义和《贝弗里奇报告》为代表）也对此阶段工党的社会福利政策产生重大影响。工党在第二次世界大战结束前夕首次独立上台执政，对松散的社会福利体系进行了彻底的改革，建立了世界上第一个福利国家。国家广泛和深度介入社会福利领域，建立了内容丰富的社会保险体系、举世闻名的免费医疗系统和其他多样的平等化和非商品化取向的社会福利制度，从宏观上强烈体现出社会民主主义的理念，从具体制度设计上部分采用了凯恩斯主义和《贝弗里奇报告》的主张。

1951 年，艾德礼政府下台，工党进入了右翼与左翼长期斗争时期，而刚刚建成的英国福利国家在工党与保守党的“福利共识”下进入了徘徊发展时期。此阶段，社会民主主义仍然是工党社会福利政策的主导思想，凯恩斯主义和《贝弗里奇报告》仍然是政策层面的主要参考，但均开始受到挑战和质疑。柯尔、克罗斯兰和盖茨克尔等人的修正主义社会福利思想、蒂特马斯坚定的左翼民主社会主义思想和马歇尔的社会权理论是影响工党社会福利政策的新的重要思想。工党的社会福利政策也体现出在多种主张不同的思想下左右摇摆的特点，养老金改革的曲折往复是这种特点的集中表现。福利国家的基本架构继续维持并完善，但在国有化、扩大再分配和追求结果平等的方向上基本停止，在个别领域有所后退。工党的社会福利政策开始更多考虑福利政策与经济发展、福利国家与资本主义市场经济的调和，改变主要考虑劳工和工会利益的做法，转而向逐渐壮大的中产阶级倾斜。

20 世纪 70 年代中期，面对英国经济的滞胀和其他严重的社会问题，工党和保守党的共识破裂，撒切尔夫人领导的保守党右翼得势，于 1979 年成功上台并长期执政，在新保守主义和新古典自由主义指导下开始对福利国家进行变革。与之相反，工党内部左翼得势并经历了一个长期在野时期。20 世纪 80 年代末，工党的中右势力逐渐排除左翼掌控权力，依次在两个"第三条道路"的指导下对工党进行了改造，并于 20 世纪 90 年代中期重新上台执政。此阶段，传统的伦理社会主义思想、新自由主义思想和新古典自由主义思想都是"新工党""第三条道路"的思想来源。工党在上述思想指引下继续对福利国家进行变革，强调"从福利到工作"的"积极福利"是工党社会福利政策所宣称的核心创意，但实质上基本延续了之前保守党政府的社会福利改革方向，整体维持了降低国家干预程度、加强福利提供的地方分权和多元主义、减少非商品化程度及弱化再分配的特点，区别在于对底层公众的救助力度有所增大，但将就业与福利的捆绑某种程度上是传统家计调查方式的一种变相复归。总体而言，20 世纪中期工党社会福利政策中以平等化取向和国家一元主导为主要特征的社会民主主义色彩到了 20 世纪末基本消失。

表 4　**工党社会福利政策及其思想特点的基本变迁轨迹**

年代	社会福利发展阶段和典型事件	工党社会福利政策的思想选择
19 世纪末—20 世纪 20 年代	济贫制度苟延残喘，工伤、失业、养老、医疗等国家保险制度初步建立。	劳工主义为主但逐渐减弱，费边主义逐渐主导，也受伦理社会主义和新自由主义等影响。

续表

年代	社会福利发展阶段和典型事件	工党社会福利政策的思想选择
20世纪20年代—20世纪50年代初	济贫制度逐步废除，福利国家建立：确立涵盖养老、遗属、疾病、工伤、和失业等广泛内容的国家主办的社会保险，社会救助，以及儿童、教育、住房等全方位的社会福利；全民免费医疗之国民保健系统等。	由费边主义演化的社会民主主义为主，新自由主义（以凯恩斯主义、《贝弗里奇报告》为代表）为辅。
20世纪50年代初—20世纪70年代末	福利国家徘徊中发展：扩展国民养老金失败，企业年金、个人储蓄计划等其他支柱发展；医疗少量恢复付费；减少分级中学，增加综合中学，发展职业教育和高等教育。	社会民主主义为主，修正主义、新自由主义（凯恩斯主义为代表）为辅。
20世纪70年代末—21世纪初	福利国家持续改革：国家一元主导模式终结，向多元主体共治发展；社会福利恢复商品化趋势，福利享有和工作意愿与教育培训挂钩等。	实质放弃社会民主主义，采用伦理社会主义和新古典自由主义混合而成的“第三条道路”。

第二节　社会福利思想影响政党社会福利政策变迁的场域

何种社会福利思想能够影响社会福利政策，以及影响的深度和广度如何，受到一系列主客观因素的制约。在不同历史阶段，这些因素的表现形式虽然千差万别，但基本可以归为经济基础、社会状况、政党斗争和国际环境与思潮四大类。由于这些因素的变迁，工党的社会福利政策所“选择”的社会福利思想的倾向与结构也在不断变迁。在每一阶段，政党社会福利政策的思想倾向都是多种因素共同作用的结果。在不同阶段，不同因素发挥作用的方式和程度既有差异，又有共性。

一　经济基础

经济基础决定上层建筑，社会存在决定社会意识。经济因素是何种福利思想能够成为影响工党的社会福利政策的主要思想的基础因素。

（一）经济发展阶段和经济发展水平是某种福利思想是否能够产生、以及是否能够发生重大影响的基本条件

只有在工业化初期并且经济发展条件得天独厚、很少遭遇外来挑战并且内部社会长期相对稳定的社会，才有产生体系和影响巨大的古典自由主义社会福利思想的土壤，17—19世纪的英国恰恰具备了这一土壤。经济长期居世界领先地位，国内政治社会长期稳定，传统的教会、慈善组织和慈善行为及工人自助社团就能够基本解决贫困问题，才使古典自由主义社会福利思想得以成功，济贫模式成为英国社会福利政策的主要内容。在20世纪之前，经济发展水平较低的时期，社会福利政策的核心关注是济贫，20世纪之后，国家主办的社会保险制度成为福利政策的核心问题。19世纪末20世纪初，大量的无产阶级基本生活困难，无力负担子女教育费用，同时希望子女尽早自食其力，儿童的学费和餐费是一个重要的社会福利议题，而提升儿童教育年限则被工人组织和工党反对，学校分类等问题并不被他们关注。到了20世纪80年代，保守党政府取消儿童免费午餐的举措虽然被工党和民众抨击，但并没有造成多大的实质影响，工党也开始支持提升基础教育年限，学校分类也成了工党和大量选民极为关注的问题。20世纪初，工党曾经反对国家举办养老保险制度，认为其是对工人、工会和其他自助组织资源和权力的剥夺，而到20世纪中叶以后，工党反而希望扩大国民养老金的规模，将各种碎片化的制度并轨，限制职业年金和私有储蓄计划的发展。

（二）经济发展状况是某种社会福利思想能否成功影响社会福利政策的基本条件

通过国家干预来扩大再分配的社会福利思想古已有之，但长期未

成为国家政策。直到 20 世纪 30 年代，一方面经济发展水平使国家已经能够掌握大量资源且不致引发社会动荡，另一方面传统的自由放任经济政策在应对当时的经济大萧条时反复失效、束手无策，提出国家干预扩大再分配的凯恩斯主义才开始对政策产生影响。直到第二次世界大战期间，国家全面统计制度建立、国家能够掌握详细的宏观经济运行数据之后，凯恩斯主义的政策主张才被大量运用于经济和社会福利政策之中。

（三）既有经济思想和政策的实践效果会显著影响下一步政党所选择的思想和实施的政策

很多论者认为经济形势好的时候自由放任主义容易影响政策，经济形势差的时候国家干预思想容易影响政策。这种现象确实存在，但综合看来，这只是一种表面关联，且有反例。从工党社会福利政策变迁的情况总结，经济形势的变化与政党社会福利思想选择的变迁，更显著地取决于之前的社会福利政策的“表现”。工党在 20 世纪 30 年代到 50 年代逐渐采用社会民主主义和凯恩斯主义的社会福利政策，确实可以用经济形势不好所以国家干预思想抬头来解释，然而保守党政府在 20 世纪 70 年代的经济危机下却抛弃了凯恩斯主义的经济政策和社会福利政策，采行新古典自由主义经济政策和社会福利政策。同样的，工党在 20 世纪 90 年代中期经济形势不好时击败保守党重新上台，并未恢复社会民主主义和凯恩斯主义政策，而是大量继承了保守党的新古典自由主义政策。上述两次政策大转向从经济方面解释，更多是因为既有执行的思想理论和政策方向在应对危机时束手无策，第一次是古典自由主义的失灵，第二次是凯恩斯主义的失灵，于是便导致继任者倾向于采用颠覆现行思想和政策的主张。而那一次政策维持，即 20 世纪 90 年代中期的布莱尔政府基本维持了之前保守党政府的经济和社会福利政策方向，是因为其思想和政策的执行期间，英国经济的表现整体良好。20 世纪 90 年代中期虽然出现了一定的经济问题，但其程度和持续时间远远不能和 20 世纪 30 年代和 70 年代的危机相比，所以没有产生采行颠覆性的思想和政策的驱动力。

二　社会状况

西方代议制民主政体下，选举权的范围和社会的阶级结构对政党的社会福利政策的思想选择会产生直接和重大的影响。工党成立伊始，主要代表工会和产业工人的利益，因此其社会福利政策诉求表现出显著的劳工主义色彩。但由于当时选举权的财产资格限制，导致许多劳工阶层和社会下层的选民没有投票资格，所以工党在采用劳工主义政策时毫无执政希望。从 1906 年劳工代表委员会正式更名为工党，特别是 1918 年工党确立党纲和议会斗争道路之后，工党便渐渐不再只代表工会和产业工人的利益，而试图代表更广阔的选民的利益。于是其社会福利政策的主导思想便从劳工主义转向社会民主主义，且结合伦理社会主义和新自由主义。同时，此阶段选举权的不断扩大、普选权的最终确立和上议院（贵族院）的权力被虚置也成为工党的利好，工党的传统支持者们更多地拥有了选举权，因此其不用过多调整社会福利政策的价值方向就可以不断扩大选民基础。

20 世纪 50 年代之后，随着传统产业工人队伍的不断缩小、传统产业工人工会力量的不断衰落、中产阶级队伍不断壮大和非产业工人工会不断增多，工党为了能够继续上台执政，就必须使其社会福利政策能够代表更多的新兴选民的利益诉求。于是在 20 世纪 50 年代到 60 年代出现了修正主义思潮，反对福利国家朝着进一步平等化和国有化的方向发展。再则 20 世纪 80 年代到 90 年代产生了名为调和社会民主主义与新古典自由主义的“中左”道路、实为为新古典自由主义披上伦理社会主义外衣的“中右”道路的“第三条道路”社会福利思想，既消除了上层阶级对工党的恐惧，又迎合了新兴中产阶级的需求，还适当安抚了在“撒切尔主义”社会福利政策下陷入困顿的社会底层，工党从而连续三次大选获胜，创造了自建立起的最高纪录。但值得注意的是，“第三条道路”的社会福利政策虽然试图左右逢源，但却对工党传统依靠和代表的产业工人和传统产业工人工会最不友好，因为“第三条道路”走的是最底层加强救助而中上层福利多元主义的路线，这一群体现在是有工作但收入较低的中下层，最容易成为“盲区”。

三　政党斗争

政党斗争形势对于政党选择何种社会福利主张也有着重要影响，这种斗争既包括党内的斗争状况，也包括政党间的斗争形势。

（一）政党内部的组织和权力分配结构对政党的社会福利政策选择具有显著影响

最突出的是工党与工会的关系。工党决策层与工会的关系总体上是一个逐渐“松绑”的关系。在早期，工党的领导层采用集体投票制，党员必须从被认可的社会团体集体加入，大型工会的话语权很大；工党的领导机构采用比例代表制，工会领导人天然占有很多名额；工党的资金主要来自工会的集体党费和捐助。因此，工党的各项政策包括社会福利政策都主要受到工会利益和诉求的影响。而后，工党与工会的“捆绑”关系越来越松弛，先是可以允许个人入党，而后工党的资金来源也越来越多元化，得到越来越多的商业组织和利益集团的支持，到布莱尔时期实现了领导人选举的一人一票制。随之发生的，就是工党的社会福利政策越来越不受工会诉求的约束，同时，工党的领导人、领导层和议会党团的意志更加显著影响到政策的思想倾向。

在 20 世纪 30 年代以前，工党领导阶层大多出身工人或小职员，有着长期的亲身参加工会运动的经历；30 年代之后，中产阶级出身的领导人逐渐增多，但大多数人能够选择加入工党，即使不曾直接领导劳工运动，也对劳工阶层十分熟悉且充满感情和信念；而 80 年代之后，战后出生的新一代的工党领导人很多是富家子弟，其教育经历和职业经历都和资产阶级无异，对劳工阶层和劳工运动缺乏了解。领导人特质的变化趋势，恰恰和工党社会福利政策从劳工主义色彩显著到社会民主主义主导、修正主义抬头再到最终放弃公有制目标而走向全面右转的“第三条道路”的时段次序大体匹配。毋庸置疑，党的领导人和领导层的思想倾向往往决定着最终选择何种社会福利主张，其他经济、社会或国际影响因素无论如何基础或如何显著，最终总要通过政党领导人和领导层的大脑这“最后一关”。

当然，这“最后一关”也不是可以为所欲为。第一，如果领导人一意孤行，执意采行缺乏党内民意基础的政策，有可能会导致提案无法通过议会表决而无法成为有效的政策。此时，如果领导人和领导层解散议会重新大选，则可能面临使政党失去政权或者自己被开除出党的结果，20 世纪 30 年代工党的麦克唐纳事件就是明证。第二，领导层内部的意见并不一定一致，领袖的意见并不一定能完全影响到决策层其他权力机构的政策输出，而决策层其他权力机构之间也常常会存在政策主张的分歧。布莱尔政府时期，虽然领导人个人的权力大幅增加，但一度任财政大臣的布朗仍然希望执行比布莱尔所设想的更加激进的社会福利政策，并且偶尔还能够成功推行；同时，财政大臣和社会福利大臣之间也经常对某项福利政策的方向存在分歧，首相并不一定总能妥善弥合分歧，导致推出的政策存在不协调的情况。

（二）同竞争对手的斗争结构也极大影响着政党的社会福利思想选择

一个政党要同既有的其他政党竞争，需要树立自身的独特性以吸引选民，因此需要提出差异化的社会福利政策，但为了上台执政又要吸引尽可能多的选民，因此其社会福利政策又要尽可能迎合更广泛的阶层和利益团体的诉求，“得罪”尽可能少的阶层和利益团体，而敌对的政党当然也深知此理。政党政策选择就经常需要在这种两难状况下权衡，有时继承为主，有时主动求变。工党在20世纪40年代中期采用和保守党政府截然不同的社会福利理念，就奇迹般地在战争还未完全结束时击败了战争英雄丘吉尔上台执政，而在20世纪70年代末采用和保守党政府对立的激进左翼理念，却遭遇了长达18年的在野。同样地，在20世纪50年代，保守党主动进行了改革，采用了和工党类似的社会福利理念，击败工党重新上台。而在此阶段，工党未能进一步将其社会福利理念付诸政策，也未能提出差异化的政策，结果在“福利共识”维持期间，工党在大选中的失败次数远多于保守党，总的执政时间也远少于后者。

工党的成功很大程度上是因为保守党长期坚持的自由主义社会福利政策被认为是大萧条和二战中民众遭受的种种灾难的原因，而丘吉尔的态度显示其不打算在战后对上述政策进行方向性的改革。而工党的失败很大程度上是因为艾德礼政府的国有化和全面福利国家意识形态被很多选民和舆论认为是英国病的根源，于是向左转的意识形态就容易遭到失败，撒切尔夫人领导的保守党政府高举新保守主义大旗便获得成功。进一步讲，撒切尔主义又被认为是贫困扩大及社会分裂的原因，这也是布莱尔领导的“新工党”打起“复兴社会民主主义”大旗的“第三条道路”获得成功的重要原因。

四 国际因素

国际因素比较复杂，既包括客观要素，也包括主观要素。既包括重大或微妙的国际事件，也包括国家在国际社会中客观地位和对自身角色的主观认知[①]，还包括国际思潮。国际因素对政党的社会福利政策的思想选择也有显著影响，影响可能是直接的，也可能通过经济、社会和政治思潮等方面而间接起作用。

（一）英国国际地位的百年巨变是基础性因素

18 世纪到第一次世界大战之前的英国是世界上最强大的国家，有着广阔的殖民地，所以有着充分的空间和资源来化解或转移国内矛盾，这很大程度上减缓了其建立国家社会保障体系的迫切性，而工业化较晚、本土和殖民地的面积和资源都有限，急于通过建立国家社会保障制度来缓和国内矛盾的德意志第二帝国就是对比。第一次世界大战到第二次世界大战期间英国的国际地位有所下降，但仍然保留着基本的实力，这也是其建立和改革社会福利制度的步调依然缓慢的重要外部因素。第二次世界大战之后英国的国际地位大幅下降，在两极格局中依附美国，这主要造成了两方面的效应。其一，英国政府政策的重心不得不由外交转向内政，扩张和维护帝国的议题不再是国家的中心问题，如何重建国内经济秩序、应对社会矛盾和维护社会稳定成为中心问题，社会福利制度的改革和建立福利国家是其中一个关键领域。其二，英国的政策方向和思想意识形态也开始向美国靠拢。美国在 20 世纪整体看是自由主义居统治地位的国家，而且热衷于“推销”其政治价值观，如果英国工党国际战略上选择跟随美国，其在政治光谱中的基本位置就不能和美国距离过大，从而其左翼力量就很难长期在党内占据主流，激进的社会福利思想就难以影响长期政策。

（二）英国与欧洲大陆的关系、经济全球化和欧洲一体化的趋势也对社会福利理念和工党的社会福利政策产生影响

英国始终有着光荣孤立的传统，与欧洲大陆的复杂斗争保持距

① 比如有的国家虽然经济实力雄厚，但安于自保，而有的国家虽然实力不强，却热衷对外扩张，这显然会对其国内政策的方向产生不同的影响。

离，只有在欧洲大陆均势遭到严重破坏时——即一家独大而有可能进一步威胁到英国利益——才会进行干预。虽然英国工党早期曾经和国际共产主义组织关系紧密，并且信奉无产阶级跨国联合斗争的理念，很多领导人在第一次世界大战期间甚至坚持反对帝国主义战争的立场，主张同德国等敌对国家的工人阶级联合革命。但其主流力量在大多数时间都对同欧洲大陆国家的合作和结盟持消极态度，特别是对第二次世界大战之后出现的欧洲一体化趋势，英国工党的“反欧”和“疑欧”倾向并不比其他政党弱。而且英国工党的社会主义理论家们认为，如果要发展国有化和计划经济，实现“计划自由”即对投资、生产、价格和分配的控制权，推行更加平等化的分配政策和福利政策，就必须排除欧洲大陆资本主义经济的干扰，发展一种封闭型的经济。虽然这种构想由于现实条件制约而没能实现，但理论上却随着欧盟的发展和经济全球化的发展得到了很多旁证。比如同样为“福利国家橱窗”的社会民主工党长期执政的瑞典，在20世纪80年代的新古典自由主义大潮中依然能够独善其身，维持高水平的福利国家，然而到了20世纪90年代之后，却被欧洲货币基金组织和经济全球化趋势打败，不得不在一定程度上收缩其福利国家政策。20世纪90年代之后，由于欧洲一体化的潮流不可抗拒，撒切尔夫人在保守党内失去支持而下台的一个重要原因就是其始终反对英国参与欧洲一体化进程。同时，工党也不得不转变政策，开始和欧盟加强合作并加入欧盟，其社会福利主张和政策就必然会更多地受到欧盟的影响，更多采取降低劳动力成本的紧缩政策。

（三）重大的国际事件，特别是战争，及其所引发的国际思潮变化，会对社会福利政策产生深刻的影响

帝国主义和侵略性质的战争会引发民族主义情绪，转移人们的注意力，加剧派系分裂，右翼容易取得支配权，社会福利诉求容易被忽

视。如20世纪初的第二次布尔战争和20世纪80年代的英阿马岛战争，前者某种程度上抑制了当时的劳工主义社会福利诉求，后者则暂时掩盖了失业上升和底层贫困增加的社会问题，为撒切尔夫人领导的保守党政府打压工会运动的举措减少了阻力，为新古典自由主义和新保守主义改革壮了声势。与之相反，带有显著自卫性质的、人民深度参与的战争反而会加强社会团结、诱发社会福利诉求，如20世纪40年代英国参加的世界人民反法西斯战争。这类战争则会提升国家干预的程度，增进社会不同阶层间的沟通和团结，提升人们对集体主义政策的正面态度、至少是忍耐程度。两次世界大战后社会主义社会福利思潮盛行、工党能够迅速而顺利地建立社会民主主义特征的福利国家，都与之有巨大关联。

第三节　社会福利思想影响政策的主要特点

通过对英国社会福利思想与英国工党社会福利政策的案例分析，可以初步发现社会福利思想影响政党社会福利政策的如下特点。

（一）社会福利思想对政策的影响特点多样化，间接和曲折为主

社会福利思想对社会福利政策的影响偶尔很直接，但大多时间是间接的，非线性的，其中最显著的特点，是从思想到政策有一个或短或长的时间差。思想转化为政策，必须要具备一系列内因外因，其中的一些因素可以通过主观努力达到，另一些因素则充满偶然性，这些因素的形成都需要时间。费边社会主义思想在19世纪末就已经产生，而直到1918年才被工党确立为指导思想，其中关于社会福利的政策主张在1945年艾德礼政府上台后才被大量用于指导政策。费边社会主义社会福利思想转化为政策，既需要费边主义者发展和完善思想体系、加入工党、进行宣传、通过一系列斗争获得在工党内的理论话语

权及和同僚共同努力使工党上台执政等内因，又需要 20 世纪初的劳工主义者理论水平有限、自由党衰落、两次世界大战和大萧条造成的选民和保守党对集体主义社会政策的接纳等外因。显而易见，其中充满了主观努力和偶然性的组合。类似地，凯恩斯主义、新古典自由主义乃至“第三条道路”的社会福利思想转化为政策，都经历了或短或长的时滞，在各种内外因具备后才发生。

同时还可以发现，直接关于微观具体政策的主张可能会更快转化为政策，但也有更大概率直接被拒绝，完全不产生影响，或者影响稍纵即逝，比如《贝弗里奇报告》中的一些具体主张。而宏观和抽象的思想理论转化为政策需要更长时间的酝酿和更多因素配合，但容易产生基础性和持续性的影响，不易被从实质上拒绝或消除。

（二）社会福利政策执行效果对社会福利思想的发展、新福利思想的产生和政党的社会福利思想选择具有反向影响

社会福利政策执行的良好结果，最终有利于政党维持执政地位，该政党就往往容易继续采行该政策的指导思想。布莱尔政府时期，英国经济社会基本稳定，该政府两次成功连任，是其能够继续用“第三条道路”指导社会福利政策的重要条件，尽管该思想体系本身不甚成熟，不符合工党一贯的价值观，在执行中存在种种矛盾和问题，且招致非常多严厉的批评，但由于经济社会总体环境稳定，这些问题就被暂时掩盖。这也使工党应该进行的思想反思、创新和政策改革被推迟，从而慢慢失去了能使党内团结的政策思想方向，在 2010 年失去政权之后又进入了长期在野的境地。反之，如果社会福利政策执行结果不佳，政党决策层和选民也往往容易将其归咎于指导思想，倾向于修正甚至更换思想，而不是继续坚持该思想以观察长期效果。比如 1951 年工党下野后，面对这届政府的国有化政策和福利国家建设出现的种种问题，立即产生了很多修正主义思想家，将工党下野归因于国

有化和福利国家方向性的问题，开始反思社会民主主义思想本身的问题。而上述政策在长期实行自由市场制度和自由主义社会福利理念占统治地位的英国仅仅执行了不到六年时间，其可行性还远未得到有效检验。

又比如，20 世纪 70 年代中期的卡拉汉政府为应对严重的经济社会困难，开始实施紧缩政策，适度控制工资增长和严格福利待遇，由于效果不佳，便迅速被工党左翼势力归因为背离工人阶级和下层民众利益、没有坚持继续发展社会民主主义社会福利政策的结果，进而工党左翼夺取了党的领导权。然而，取代工党上台执政的保守党政府实际上执行了更严厉的紧缩政策，经过一定时间，英国经济形势开始好转。这虽然不能说明紧缩政策一定是经济好转的原因，但至少说明工党左翼将经济持续不景气归因为卡拉汉政府的紧缩政策是没有充分根据的。综上所述，这种政策结果对思想的反馈机制和反向影响虽然有助于思想家和政党及时反思和纠错，但也会产生错误归因，导致能够实现深度改革和有利长远利益的思想得不到坚持，可能造成政策碎片化、短期化和种种积弊。

（三）社会福利思想党内“共识”是政党社会福利政策成功的前提

社会福利思想是政党社会福利政策的先导，前者对后者有着巨大的影响，如果没有在党内获得广泛共识的社会福利思想，就不可能有获得成员广泛支持的社会福利政策，而政策能否通过、即使通过后的执行力如何也都会打上问号。盖茨克尔和威尔逊时期的社会福利政策左右摇摆，经常半途而废，且政策之间缺乏配合，就在于工党内部特别是领导层本身没有一个相对稳定和一致的社会福利政策理念。而艾德礼时期的社会福利改革和福利国家建设能够迅速而顺利进行，首先得益于工党领导层和全党在社会福利基本理念上的共识。

结　语

综上所述，纵观工党成立百年多的历史，虽然其社会福利政策的思想倾向在部分时期确实显著具有社会民主主义的色彩。然而，一方面，这种社会民主主义色彩同欧洲大陆或世界其他地方宣称采用类似社会意识形态的国家和地区的社会福利政策相比，仍然带有显著的保守—自由主义色彩；另一方面，工党真正能将社会民主主义的社会福利政策付诸实施的执政时间总体而言十分短暂，且依赖于经济大萧条、工党领导层罕见团结、第二次世界大战和大英帝国衰落等十分特殊的国内外和党内外条件。总体而言，工党在坚持和执行社会民主主义社会福利政策的大多数时间都没能上台执政，或者即使上台执政也无法充分推行社会民主主义的社会福利政策，最终，工党甚至连只剩在党纲里的社会主义都加以删除，以“第三条道路”为名从里到外、从实到名倒向保守—自由主义一边，推行远离社会民主主义的社会福利政策。

首先，英国保守—自由主义福利文化从属于该国的保守—自由主义政治文化，保守—自由主义政治文化内化在政治运行机制中，内化在政治行动者和民众的意识中，先入为主限制了福利政策的选择域。这种政治运行机制导致政治场域不易发生彻底的、颠覆性的变革，因而导致选举制度、政党格局和利益集团格局等各种会影响包括福利体制在内的政治体制的构成部分变革缓慢或者基本保持不变。比如，在很多其他国家和地区的不同流派的社会主义运动中，私有保险公司、高级医生协会和熟练工人行会等既得利益组织经常会被改造或自行消失，然而在英国工党的社会主义改革中，由于其维护既有秩序的保守主义文化及这种文化所依赖的盘根错节的利益格局基础，这些组织都并未被取缔或自行消失，从而相应导致工党带有社会主义色彩的激进改革计划受到强力阻挠，在计划和实施过程中不得不妥协或者直接失败。

其次，英国社会民主主义的社会福利制度的发展不但没有弱化这种保守—自由主义福利文化，反而强化了后者，导致成立之初代表工人阶级利益、以进行社会主义福利改革为其目标之一的工党，最终放弃了社会主义方向的指导思想和政策。虽然在英国，强大的保守—自由主义文化和政治力量始终阻碍着社会民主主义方向的福利改革，但20世纪前半期英国经济社会的衰落和国际地位的下降、工人运动的蓬勃开展、工党的成立和壮大及两次世界大战对社会结构和民心向背带来的冲击，客观上给工党推行社会民主主义方向的社会福利改革和建设提供了契机，促成了二战后的两党共识和福利国家的建立。然而，随着经济社会的复苏和英国加入美国为首的西方阵营，国家加强干预的混合经济造成的所有权稀释和工人阶级的普遍“中产阶级化”，以及福利国家建设继续推进所产生的以经济停滞、失业率上升和国民堕怠为主要特征的“英国病”，上述几方面因素的合力造成无论保守党、工党右翼还是广大选民都对社会民主主义的福利政策丧失了信心，从而导致保守—自由主义文化在英国社会福利领域的回潮。号称新保守主义—新古典自由主义的“撒切尔主义”指导下的福利国家削减代替了之前的福利国家建设共识。接下来，号称执行中左路线的“第三条道路”的新工党为了能够上台执政，也在实际上放弃了坚持将近百年的福利国有化和团结劳工的路线。工党本身是宣称代表工人阶级利益的政党，然而即使在传统工人阶级人数众多的20世纪50年代之前，其竞选宣言也并未完全只考虑工人阶级的诉求，尤其是其通过选举获得执政地位后，就经常无法按照竞选宣言的承诺来推行政策，于是就从所谓“国家整体利益”考虑来施政，“背叛”了工人阶级的利益。

20世纪30年代初，麦克唐纳撇开工党领导层，同保守党和自由党组建联合政府从而被工党开除的事件，就是最典型的例子。20世纪50年代之后，传统工人阶级人数不断减少，这导致工党在“背叛”工人阶级利益之路上越走越远，先是在实践中不断地对工会和工人运动采取中立、不支持直至限制和打压的措施，在社会福利政策上更多考虑各阶层利益的均衡和经济发展的要求，进而在思想意识形态上不断淡化阶级党和社会主义色彩，直至最后在党章中删除公有制条款、在组织结构上彻底和工会组织切割、在社会政策上实行“从福利到工作”的社会福利改革。

福利思想从根源上从属于政治经济哲学，本质上具有流派性和意识形态色彩。纵观英国工党一百多年的历史，虽然影响其福利政策的福利思想流派众多，主张迥异，但其所能提出的福利政策规划的波动范围却比思想流派的延展范围小很多。如果政策规划偏离该范围较远，往往会导致主张该政策的政党选举失败，根本无机会执行该政策。虽然福利思想本身所立基的政治哲学流派表面上往往截然对立，但具体到福利思想的微观要素，意识形态上的差异却要淡化许多，特别在第二次世界大战结束之后的时代，这一点更加明显。当然，意识形态上的差异淡化不意味着不存在意识形态，而是说虽然其所标榜的是不同的意识形态，但内核却倾向于同一或相似的意识形态。具体到本研究，我们明显看出，英国工党所宣称的“社会主义”福利思想在大多数时间已经和我们所认知的“社会主义”相去甚远，甚至与欧洲大陆和斯堪的纳维亚半岛的“社会民主主义”也有很大差别，更加向英国传统的保守主义与自由主义思想倾斜，不同程度地混合着他们自称为“基督教社会主义”或“伦理社会主义”的传统慈善互助思想。这种本来就已经“右倾”的福利思想在输出为福利政策时，由于受到各种主客观因素的制约，则会表现出更加稳定的保守—自由主义倾向。所以，英国工党社会福利变迁的案例有力说明，一个政治体采取的社会福利政策会受到各种主张迥异的社会福利思想的影响，但归根结底，只有适应该政治体所处的政治社会经济场域的社会福利理念，才可能转化为其社会福利政策内在而持续的特征。

通过对社会福利思想与英国工党社会福利政策变迁史及其互动关系的研究，可以从如下几方面思考其对我们的启示。

第一，英国工党的案例充分说明，社会保障政策的思想选择受到经济基础、社会状况、政治目标和国际因素等多方面因素及其相互作用，深刻依赖于一国的政治文化传统和当前的各种形势。因此，讨论社会保障思想及政策学习和借鉴问题，不可草率为之，必须十分谨慎，必须首先充分了解一个政策所依赖的政策体系的整体思想架构和目标及所嵌入的国情，这样才可能避免盲目照搬引起的资源浪费和其他风险。同时，某项社会保障政策与其他社会保障政策之间，比如就业政策与教育政策和其他经济政策、社会政策之间，比如医疗保险政策与公共卫生政策和扶贫政策，都是有机联系的，牵一发而动全身，无论从政策研究层面，还是政策执行层面，都要注重不同政策目标的协同性和政策思路与执行的联动，从而减少政策失败的风险。

第二，英国工人阶级的百年变化及其对工党社会福利政策造成的本质性影响充分说明，一个社会的社会阶层和群体结构不是一成不变的，某一社会群体的社会保障诉求也会随着经济发展水平、产业结构及教育水平等多因素的变化而变化，不同群体的社会福利诉求更是多样化的。某项社会保障制度本意是为某个群体谋实惠，然而可能由于政策制定者想象不到的情感成见或实施效果偏差等各种各样的原因，该群体可能并不欢迎该政策。特别地，社会保障制度本身的变化发展反过来也会引发社会阶层结构和不同阶层对社会保障诉求的变化。这些要求我们的社会保障理论和政策研究必须对社会阶层和社会群体结构的变化、不同社会阶层和群体的社会福利态度和需求差异保持敏感性，如此才能使社会保障制度的改革发展真正做到以人民为本，满足人民群众最真实的需求。

第三，要重视社会保障及相关学科基础理论的研究。可以看到，英国社会保障制度在20世纪70年代之前长期位于世界前沿，即使在20世纪70年代之后，也经常被世界各国社会保障学界作为典型案例研究和探讨，虽然首先与其在一个相当长的历史时期相对领先世界的经济社会政治文明的发展水平有关，但另一方面，也与其社会保障制度显著的原创性有关，而这种原创性，很大程度依赖于其不断产生原创性和体系深刻完整的社会保障思想理论。这种思想理论体系不一定是专门针对社会保障领域，也可能是包含或涉及社会保障问题的更基础的哲学、经济学、政治学或社会学的思想理论。基础理论往往从基本的制度结构和价值目标出发，有着一以贯之的逻辑路径，其理论体系所包含的不同政策主张间具有有机联系，因而其政策主张具有目标和价值倾向的一致性和政策实施的协同性。任何具体的社会保障政策主张都依赖于更深层的基础理论，如果不考察和发展基础理论，而只断章取义照搬片段和具体的政策，则极易产生“水土不服”的问题。我国国情和英国等西方国家有着巨大的不同，经济社会和政治文化发展目标也与西方国家迥异，因此更应避免对国际经验缺乏深度考察的照抄照搬，更应加强社会保障及相关学科立足本土文化和现实国情的基础研究。

参考文献

一 中文文献

毕天云：《布迪厄的“场域—惯习”论》，《学术探索》2004年第1期。

崔士鑫：《历史的风向标：英国政党竞选宣言研究（1900—2005）》，北京大学出版社2013年版。

丁建定：《社会福利思想》，华中科技大学出版社2009年版。

丁建定：《英国济贫法制度史》，人民出版社2014年版。

丁建定：《英国社会保障制度史》，人民出版社2015年版。

郭静：《政党轮替的政策价值——英国社会保障政策的政治分析》，中国社会科学出版社2010年版。

李华锋：《英国工党政坛沉浮与主导思想的关系研究》，中国社会科学出版社2013年版。

李媛媛：《英国工党地方性组织嬗变研究》，中国社会科学出版社2009年版。

刘成：《英国现代转型与工党重铸》，生活·读书·新知三联书店2013年版。

刘书林：《麦克唐纳社会主义新评》，中国人民大学出版社1989年版。

鲁伊：《重访蒂特马斯》，《三联生活周刊》2012年第43期。

钱乘旦等：《日落斜阳：20世纪英国》，华东师范大学出版社1999

年版。

孙洁：《英国的政党政治与福利制度》，商务印书馆 2008 年版。

杨立雄：《利益、博弈与养老金改革：对养老金制度的政治社会学分析》，《社会》2008 年第 4 期。

杨雪冬、薛晓源主编：《“第三条道路”与新的理论》，社会科学文献出版社 2000 年版。

张志洲：《英国工党社会主义意识形态变迁研究》，社会科学文献出版社 2011 年版。

赵立人编：《各国社会保险与福利》，四川人民出版社 1992 年版。

[丹] 考斯塔·艾斯平-安德森：《福利资本主义的三个世界》，郑秉文译，法律出版社 2003 年版。

[丹] 考斯塔·艾斯平-安德森编：《转变中的福利国家》，周晓亮译，重庆出版社 2003 年版。

[韩] 朴炳铉：《社会福利与文化——用文化解析社会福利的发展》，高春兰、金炳彻译，商务印书馆 2012 年版。

[英] 阿瑟·马威克：《一九四五年以来的英国社会》，马传禧等译，商务印书馆 1992 年版。

[英] 彼得·曼德尔森：《拯救工党》，张浩亮译，中国人民大学出版社 2013 年版。

[英] 理查德·斯凯思：《阶级》，雷玉琼译，吉林人民出版社 2005 年版。

[英] 迈克尔·弗里登：《英国进步主义思想：社会改革的兴起》，曾一璇译，商务印书馆 2018 年版。

[英] 亨利·佩林：《英国工党简史》，江南造船厂业余学校英语翻译小组译，上海人民出版社 1977 年版。

[英] 托尼·布莱尔：《新英国：我对一个年轻国家的展望》，曹振寰等译，世界知识出版社 1998 年版。

［英］哈罗德·威尔逊：《英国社会主义的有关问题》，李崇淮译，商务印书馆 1966 年版。

［英］唐纳德·萨松：《欧洲社会主义百年史》，姜辉等译，社会科学文献出版社，2008 年版。

二 英文文献

Adonis, A., "For New Labour Read New Liberals", *Observer*, Vol. 8, September, 1996.

Bellamy, R., ed., *Victorian Liberalism: Nineteenth-Century Political Thought and Practice*, London and New York: Routledge, 1990.

Bill S., *Labour: The Unions and the Party: A Study of the Trade Unions and the British Labour Movement*, London: George Allen and Unwin, 1973.

Bradley, I., *The Strange Rebirth of Liberal Britain*, London: Chatto and Windus, 1985.

Brown, J., "The Appointment of the 1905 Poor Law Commission", *Bulletin of the Institute of Historical Research*, Vol. 42, No. 106, 1969.

Butler, D. and Sloman, A., *British Political Facts* 1900 - 1979, London: Palgrave Macmillan, 1980.

Coates, K., ed., *Common Ownership: Clause IV and the Labour Party*, Nottingham: Spokesman Books, 1995.

Collins, D., "The Introduction of Old Age Pensions in Great Britain", *The Historical Journal*, Vol. 8, No. 2, 1965.

Crosland, C. A. R., *Socialism Now and Other Essays*, London: Jonathan Cape, 1974.

Crosland, C. A. R., *The Future of Socialism*, London: Jonathan Cape, 1956.

Crossman, R. H. S., ed., *New Fabian Essays*, New York: Frederick A. Praeger, 1952.

Dale, I., ed., *Labour Party General Election Manifestos*: 1900 – 1997, London and New York: Routledge, 2000.

Dangerfield, G., *The Strange Death of Liberal England*. London: MacGibbon & Kee, 1966.

Foot, M., *Aneurin Bevan: 1897–1960*, London: Weidenfeld and Nicolson, 1997.

Foote, G., *The Labour Party's Political Thought: A History*, London: Croom Helm, 1986.

Furniss, N. and Tilton, T., *The Case for the Welfare State*, Bloomington: Indiana University Press, 1979.

Harrington, W. and Young, P., *The* 1945 *Revolution*, London: Davis Poynter, 1978.

Havighurst, A. F., *Britain in Transition: The Twentieth Century*, Chicago: University of Chicago, 1985.

Jones, H., "The Post-war Consensus in Britain: Thesis, Antithesis, Synthesis?" In Brivati, B., Buxton, J. and Seldon, A., eds., *The Contemporary History Handbook*, Manchester: Manchester University Press, 1996.

Keir, D. L., *The Constitutional History of Modern Britain: Since* 1485, London: Adam and Charles Black, 1969.

Lindsay, T. F. and Harrington, M., *The Conservative Party*, 1918 – 1970, New York: St. Martin' Press, 1974.

MacKinnon, M., "Poor Law Policy, Unemployment and Pauperism", *Exploration in Economic History*, No. 23, No. 3, 1986.

Marshall, T. H., *The Right to Welfare*, London: Heinemann, 1981.

Marsland, D., *Welfare or Welfare State? Contradictions and Dilemmas in Social Party*, Basingstoke: Palgrave Macmillan, 1996.

Marwick, A., *British Society Since* 1945, Harmondsworth, Middleessex: Penguin Books, 1982.

Miliband, R, *Parliamentary Socialism: A Study in the Politics of Labour*, London: Merlin Press, 1972.

Page, R. M. and Silburn, R., eds., *British Social Welfare in the Twentieth Century*, London: Macmilian Press Ltd., 1999.

Pelling, H. and Reid, A. J., *A Short History of the Labour Party*, London: Macmillan Press Ltd., 1996.

Pelling, H., *Popular Politics and Society in Late Victorian Britain*, London: Macmillan St. Martin's P., 1968.

Perry A., "The Light of Europe", in *English Questions*, London: Verso Books, 1992.

Robert W. and Michael W., "Making Welfare Work: UK Activation Policies under New Labor", *International Social Security Review*, Vol. 56, No. 1, 2003.

Shaw, E., *The Labor Party Since* 1979: *Crisis and Transformation*, London and New York: Routledge, 1994.

Simon, B., *The Politics of Educational Reform* 1920 – 1940, London: Lawrence and Wishart, 1974.

Smith, H. L., ed., *War and Social Change: British Society in the Second World War*, Manchester: Manchester University Press, 1986.

Sullivan, M., *The Development of the British Welfare State*, Hemel Hempstead: Harvester Wheatsheaf, 1996.

Tawney, R. H., *Equality*, London: George Allen and Unwin Ltd., 1952.

Thane, P., ed., *The Origins of British Social Policy*, London: Croom

Helm, 1978.

Thane, P., "The Working Class and State Welfare in Britain 1880 – 1914", *The Historical journal*, Vol. 27, No. 4, 1984.

Titmuss, R. M., *Essays on "The Welfare State"*, London: George Allen and Unwin Ltd., 1963.

Tudor J., "Labour's Constitution and Public Ownership: From Old Clause IV to New Clause IV", in Brian Brivati and Richard Heffernan, eds., *The Labour Party: A Century History*, London: Macmillan Press Ltd., 2000.

Wacquant, L. J. D., "Towards A Reflexive Sociology: A Workshop with Pierre Bourdieu", *Sociological Theory*, Vol. 7, No. 1, 1989.

Webster, C., "Conservatives and consensus: The Politics of the National Health Service, 1951 – 1964," In Oakley, A. and Williams, A. S., eds., *The Politics of the Welfare State*, London: UCL Press, 1994.

Wittrock, B. and Wollman, H., eds., *Social Sciences and Modern States: National Experiences and Theoretical Crossroads* (*Advances in Political Science*), New York: Cambridge University Press, 1991.

Wright, T., *Socialisms Old and New*, London and New York: Routledge, 1996.